생명의료윤리포럼

의학 법학 신학의 대화

정종훈·김준혁·남형두
김옥주·이창걸·이일학·김상희 지음

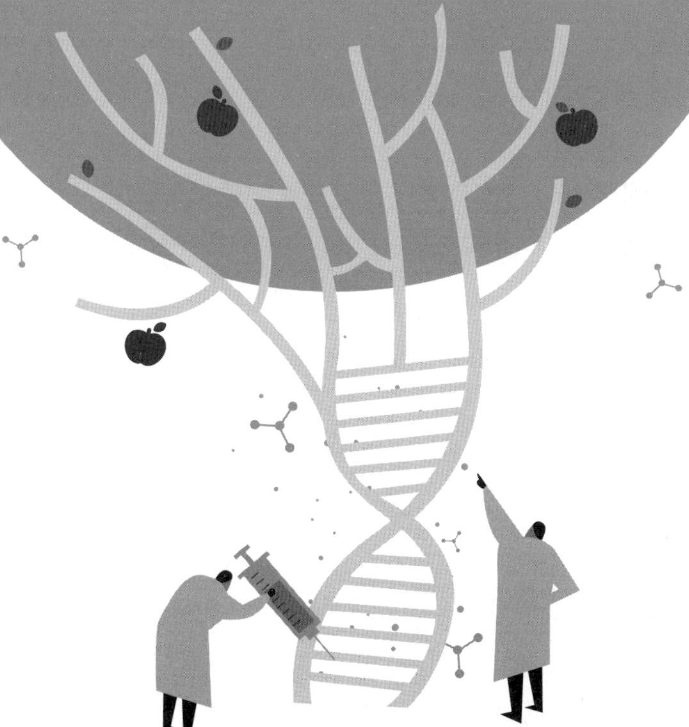

연세대학교 대학출판문화원

생명의료윤리포럼

의학 법학 신학의 대화

지은이 정종훈·김준혁·남형두·김옥주·이창걸·이일학·김상희
펴낸곳 연세대학교 대학출판문화원
주소 서울시 서대문구 연세로 50
등록 1955년 10월 13일 제9-60호
전화 02) 2123-3380~2
팩스 02) 2123-8673
전자우편 ysup@yonsei.ac.kr
웹사이트 http://press.yonsei.ac.kr
인쇄 (주)동국문화

2021년 2월 16일 1판 1쇄
ISBN 978-89-6850-549-2(03230)

값 12,000원

생명의료윤리포럼의 출발과 과정, 그리고 비전

2015년 가을 강남세브란스병원의 전체 교수회의가 끝나고 회식을 하는 자리였다. 한 잔씩 나누는 화기애애한 자리에서 한 교수가 나를 찾아와 말을 건냈다. "목사님, 우리 병원이 기독교병원이라고 말하는데, 우리 의료진들이 진료나 치료하는 과정에서 지켜야 할 기독교적인 원칙이나 기준같은 것이 있습니까? 저도 의사이지만 의사들 각자의 지식과 경험만으로 진료하며 치료하는 것이 아닙니까? 그렇다면 기독교병원이라는 우리 세브란스병원이 다른 병원들과 다른 것이 무엇입니까?" 이 말을 들으며 연세의료원의 기독교적 정체성을 위해서 노력하겠다고 작정한 나로서는 주먹으로 한 대 세게 맞은 그런 느낌을 받았다.

이때 받은 도전을 가깝게 지내는 의과대학의 몇몇 교수와 나누었다. 우리는 진지한 논의를 거쳐 2016년 초 드디어 '연세의료원 생명의료윤리포럼'을 출범시켰다. 회의비와 운영비, 원내 구성원들에 대한 공지와 포럼의 준비는 우리 원목실이 감당하기로 했다. 우리는 먼저 뜻을 함께 할 수 있는 분들을 초대해서 운영위원회를 구성했다. 의과대학에서는 호스피스 전문활동을 해온 이창걸 교수, 의료선교센터 소장인 안신기 교수, 의료윤리학자인 이일학 교수, 치과대학에서는 의료윤리학을 강의하는 권호근 교수와 정회인 교수, 간호대학에서는 의료윤리에 관심이 큰 김상희 교수, 외부기관 전문가로서는 연세대 로스쿨의 남형두 교수, 서울의대 인문의학교실의 김옥주 교수, 내부 기관 전문가로서는 사회사업팀의 최경식 파트장, 간호국의 신혜경 파트장, 그리고 기독교윤리학자로서 포럼을 제안한 나까지 11명의 운영위원은 머리를 맞대고 포럼의 방향과 일정을 잡았다.

학기 중 매달 두 번째 목요일 오후 4시에서 5시 30분 사이에 종합관 교수회의실이나 본관 세미나실에서 포럼을 개최하고, 포럼에 참가한 교직원들에 대해서는 0.5 점의 교육학점을 주는 '연세의료원 생명의료윤리포럼'은 2016년 3월 10일 나의 특강 '생명의료윤리의 기독교적 비전'으로 출발했다. 계속해서 '진실을 숨기는 것은 거짓말인가?'(안신기 교수), '기업이 된 의료기관과 의사의 윤리: 치과분야를 중심으로'(권호근 교수), '진료를 위한 직역 간의 협력: 전공의와 간호사의 경우'(김상희 교수), '임상시험과 임상진료의 불안한 경계'(김승민 교수), '품위있는 죽음에 대한 호소와 의료진의 역할'(이창걸 교수), '공포시대의 관용과 돌봄: 메르스 치료의 윤리'(김옥주 교수), '하나님의 돕는 손으로서의 의료선교'(이민걸 교수) 등의 특강으로 이어졌다. 연세의료원 내에서 작은 반향을 일으켰고, 의과대학 학장으로부터는 생명의료윤리포럼의 좋은 강의를 의과대학 학생들이 원하면 언제든지 공유할 수 있도록 영상으로 제작해달라는 요청을 받았다.

2017년 포럼은 의학적 맥락에서 객체로 전락하기 쉬운 환자들의 '인격'(Personhood)을 주제로 선택과 책임의 주체성 문제에 집중하기로 했다. 의료란 의료기술을 단순히 수행하는 것이 아니라, 환자의 인격을 회복하고 존중하도록 해야 하기 때문이다. '기독교 생명의료윤리와 인간이해'(정종훈 교수), '환자인가 고객인가: 법학적 관점에서 본 의료행위'(남형두 교수), '어떻게 환자의 인격을 존중할 것인가: 간호영역에서 인격적 돌봄'(신혜경 파트장), '복지수혜 클라이언트의 인격적 돌봄'(최경식 파트장), '요양병원에서 환자를 돌보는 일: 노인의학 분야의 의사결정'(김창오 교수), '중독 정신질환의 충동조절'(정영철 교수), '국제보건 분야 협력의 문제: 지카, 에볼라 그리고 메르스'(서원석 교수), '사람의 통일을 위한 세브란스의 역할'(전우택 교수), '임종과정의 윤리문제: 연명의료결정법과 의료'(최혜진 교수) 순서로 일 년의 포럼이 이루어졌고, 방학인 7월에 한 번 더 포럼을 개최했다.

2018년 포럼의 주제는 '돌봄'(Care)이었다. 고통받는 하나님의 형상을 돌보는 사명을 맡은 의료진이 돌봄에 관해 살피는 것이 오늘의 의료환경에서 시의적절하다고 보았기 때문이다. '기독교적 돌봄과 전인 치유의 의미'(정종훈 교수)로 시작해서 '하나님의 손과 사회적 제도 사이에서 변화하는 의료환경의 도전'(권복규 교수), '하나님이 아니라 우리 손이 짧을 때 연명의료 결정과 임종환자 돌봄'(김영삼 교수), '의료의 고질인가 한계인가: 의료인의 도덕적 고뇌에 대한 검토'(김상희 교수), '돌봄의 주체로, 돌봄의 대상으로: 가족에 대한 검토'(신성식 기자), '관심도 전송이 되나요: 온라인 서비스와 돌봄'(남형두 교수), '몸과 영혼을 섬기는 일: 전인 치유의 도전'(안신기 교수), '치유자와 연구자: 새로운 의학지식 적용의 윤리'(이일학 교수)로 진행된 3년 차 포럼은 연세의료원 내의 구성원들에게 어느 정도 인지되면서 매번 40명 내외의 참석자가 생겨났다.

2019년 포럼의 주제는 '인간의 존엄성'(Human Dignity)이었다. 모든 인간은 예외 없이 존엄한 대우를 받아야 하는 소중한 존재이고, 어떤 경우에도 차별이나 불평등을 당해서는 안 되며, 환자들 역시 어떤 형편에 있더라도 존엄한 존재라 여겼기 때문이다. 일 년 동안 다루었던 특강의 제목은 다음과 같다. '인간 존엄의 기독교적 근거와 의미'(정종훈 교수), '환자의 웃을 권리: 미소, 매체, 관계'(김준혁 박사), '치료에서 증강으로: 의학과 변화하는 인간의 본질'(이일학 교수), '암 환자 돌봄 영역에서의 건강 불평등: 현상이해와 대안 모색'(김상희 교수), '의료계에서의 여성차별과 그 대안'(이창걸 교수), '환자중심 진료와 치료받지 않을 권리'(안신기 교수), '세계화와 의료윤리: 대리모의 윤리적 문제'(김옥주 교수), '노인간호 실천과 돌보는 이의 부담감'(신혜경 파트장), '장기이식에서의 자기 결정권'(박소라 파트장)으로 이어졌고, 이제는 포럼이 의료원 안에서 확실한 자리를 잡았음을 자신할 수 있었다.

2020년은 포럼의 5년 차가 되는 해라서 그동안의 포럼을 뒤돌아보며 정리하고, 한 단계 성숙시켜야겠다는 각오로 맞이했다. 그러나 코로나19가 확산되며 우리의 일상이 완전히 바뀌었다. 하루에 1만 명 이상의 진료 환자들이 방문하고, 2500여 명의 환자들이 상시적으로 입원해 있는 세브란스병원의 현실을 고려하면서 연세의료원의 리더들은 코로나19 대책을 위해 지나치다 말할 정도로 원칙적이고 보수적인 대책을 수립했다. 대부분의 컨퍼런스나 포럼 등 주요 행사들을 모두 취소했다. 심지어 일상적으로 개최하는 회의들도 취소하거나 온라인 회의로 대체했다. 이러한 와중에 포럼의 주제와 일정을 잡는 것이 어려웠지만, 그럼에도 불구하고 우리는 코로나19 시대의 도래를 고려하며 몇 가지 방향을 설정했다. '생명과 인간의 책임: 기독교적 성찰', '생태윤리에서 무엇을 배울 것인가', '재난시

대의 윤리: 국제보건의 맥락에서', '감염의 윤리: 아픈 형제자매 돌보기', '인간, 자연, 하나님: 인간 증강의 윤리' 등의 방향 아래 강연자를 정하고 개최할 날을 기다리고 있는데, 언제 포럼이 재개될지는 아직 미지수다.

나는 '연세의료원 생명의료윤리포럼'이 세브란스병원 의료진의 의료행위에 구체적인 지침이나 매뉴얼을 제시할 수 있는 것은 아니라고 생각한다. 이러한 노력이 세브란스병원의 이윤을 더 창출하는 것도 아닐 것이다. 그러나 의료진이 동일한 의료행위를 한다고 할지라도, 어떤 가치를 설정하고 의료행위를 하는지, 환자에 대해서 어떤 관점을 지니고 의료행위를 하는지는 질적으로 다른 결과를 드러낼 것이다. 의료진이 타성에 젖어 별로 고민하지 않고 시행하는 의료행위와, 무엇이 최선일지 고민하며 시행하는 의료행위가 지금 당장에는 동일하게 보일지라도 시간과 경험이 농축되면서 결국에는 다른 결과에 이를 것이라 확신한다. 세브란스 의료진 스스로가 의료행위를 성찰하고, 고민하며, 최선을 지향하도록 도전하는 포럼이 연세의료원에서 진행되고 있다는 것이 나로서는 정말 감사하고, 더욱이 어느 정도 호응을 얻고 있어서 매우 기쁘다.[1]

이 책은 그간 생명의료윤리포럼에서 논의한 내용들 가운데 대표할만한 주제들을 하나로 묶은 것이다. 각 저자의 관점인 동시에 포럼이 운영되는 과정에서 수렴된 공통의 이해이기도 하다. 우리의 포럼이 의료인에서 법학자와 신학자에 이르기까지 다양한 관점을 가진 이들이 자신의 관점을

1 이 글은 『세브란스 감동이야기』 (서울: 연세대학교 출판문화원, 2020)에 실린 "생명의료윤리포럼을 운영하는 세브란스"를 수정한 것이다.

제시하며 공동의 이해를 찾기 위한 과정이었기 때문에, 다양성에도 불구하고 어느 정도 통일성을 이루어낸 것은 자연스러운 일이다. 현재의 복잡한 의료체계에서 기독교적인 가치를 찾고자 함께 노력했기 때문이다. 정종훈은 "기독교적 생명의료윤리의 근거와 방향"을 통해 포럼의 기독교적인 정체성 위에 전체적으로 나아가야 할 큰 방향을 모색했다. 김준혁은 환자와 의사의 관계를 어떻게 새롭게 형성해야 할 것인지 "환자-의료인 관계를 다시 묻기"에서 개괄적으로 정리했다. 이전의 가치를 재확인하고 변하는 환경 안에서 새로운 의미를 찾는 노력으로 남형두는 "환자, 고객, 데이터"를, 김옥주는 "성서 다니엘서로 본 기독인의 의학연구윤리"를 시도했다. 남형두는 법적인 관점에서 환자를 돌보는 의미와 최근 대두되는 데이터 중심의 의학적 접근을 검토했고, 김옥주는 연구가 의학의 중심을 차지하는 상황에서 기독교적 관점으로 의학연구를 도모하고자 검토했다. 한편 의료라는 것은 사회적 맥락 안에서 제공되는 하나의 문화현상으로 볼 수 있다. 김준혁은 "환자의 웃을 권리"에서 환자가 문화적으로 소외되지 않으려면 의료인이 어떻게 노력해야 할지를 논구했다. 오늘 의료현장에서 그러한 노력이 가장 절실히 요청되는 돌봄 활동의 영역이 호스피스-완화의료인데, 이창걸은 "한국 호스피스-완화의료와 세브란스"에서 환자의 실존적인 문제를 세브란스가 의학적 돌봄 과정에 어떻게 포함시켜 왔는지를 살폈다. 돌이켜보면 우리의 포럼은 한 개인의 윤리적 각성만으로는 역부족이라는 것을 인식한 공동체적인 노력이었다. 이일학이 "나의 윤리에서 우리의 윤리로"를 의료기관의 윤리라는 관점에서 설명하고자 했던 것은 당연한 귀결이었다. 마지막 논문 "동료와 전문가: 보건의료인의 관계윤리"에서 김상희와 이일학은 의료인 간의 협력관계가 얼마나 중요한지를 그려냈다. 이렇게 이 책은 생명의료윤리포럼의 윤리적 근거에서 출발하여 그 실현의 방식까지 담아내기 위해서 노력했다.

드디어 생명의료윤리포럼의 결실이 이 책으로 여물게 되었다. 결혼하는 신랑 신부의 설렘이 지금 나의 심정이 아닐까 싶다. 이제까지 함께해온 생명의료윤리포럼 위원들과 특히 간사로서 모든 수고를 마다하지 않은 이일학 교수께 머리 숙여 감사한다. 이 책은 지금까지의 결과물이지만, 각오를 새롭게 다짐하는 출발로 삼아야 하지 않을까 싶다. 이번에도 어김없이 볼만한 책으로 엮어준 연세대학교 대학출판문화원 관계자들께 감사의 마음을 전한다. 우리 연세의료원 생명의료윤리포럼 위원들이 기도하는 마음과 신앙 고백하는 마음으로 출판하는 이 책을 통해서 독자 여러분이 생명의료윤리의 새로운 지평을 발견하게 되기를 소망한다. 그리고 하나님의 크신 은총과 인도하심이 우리 모두와 함께하기를 기도하며 머리글에 갈음한다. 할렐루야!

2020년 12월 17일

연세의료원 생명의료윤리포럼 위원장 정종훈

차 례

환자 고객 데이터

_남형두

성서 다니엘서로 본 기독인의 의학연구윤리

_김옥주

환자의 웃을 권리

_김준혁

한국 호스피스

_이창걸

나의 윤리에서 우리의 윤리로

_이일학

동료와 전문가

_김상희, 이일학

기독교적인 생명의료윤리의 근거와 방향

정종훈

I. 들어가는 말

"인류를 질병으로부터 자유롭게 한다."는 것은 모든 의료기관이 공통으로 지니고 있는 사명이다. 그러나 기독교대학이 운영하는 의료기관이 일반 의료기관들과 다른 것은 "하나님의 사랑으로" 그 사명을 감당한다는 데 있다.[1] "하나님의 사랑으로"는 하나님에 대한 사랑과 함께 하나님께서 사랑하시는 사람에 대한 사랑을 포함한다. 이는 예수께서 율법과 선지자의 강령이라고 말씀하셨던 "하나님 사랑"과 "이웃 사랑"에 상응한다(마 22:37-40). 하나님에 대한 사랑(하나님 사랑)과 하나님께서 사랑하시는 사람에 대한 사랑(이웃 사랑)은 동전의 양면과 같아서 어떤 경우에도 분리될 수 없는 특징을 지니고 있다.

병원은 우리가 사랑해야 할 사람들의 생로병사가 동시다발적으로 일어나는 생명의 현장이다. 어린이병원 분만실에서는 매시간 아기들이 태어난다. 각종 진료실에서는 질병으로 고통당하는 사람들이 적합한 치료의 길을 찾기 위해서 분주하게 움직인다. 응급실과 중환자실에서는 생명이 위급한 환자들이 대개는 기계에 의존해서 생명을 이어간다. 장례식장에서는

---

* 이 글은 2016년 3월 10일 연세의료원 생명의료윤리포럼에서 "생명의료윤리의 기독교적 비전"이라는 제목으로 처음 발표되었다. 필자는 그 발표문을 다듬어 "기독교적인 생명의료윤리의 근거와 방향의 모색"이라는 제목으로 학진 등재학술지 대학과 선교, 제32권(2016년 12월), 157-177쪽에 게재했다. 이 글은 대학과 선교에 게재한 글을 수정한 것이다.

1 박창일, 세브란스 르네상스의 비밀, (서울: 헬스조선, 2010), 28. 연세대학교 의료원은 1999년 11월 24일 "하나님의 사랑으로 인류를 질병으로부터 자유롭게 한다."는 고유의 사명을 선포하고, 온 교직원이 사명 실천을 위해서 노력하고 있다.

유가족과 지인들이 고인(故人)의 죽음을 슬퍼하고 안타까워하며 이별한다. 이러한 생로병사의 현상은 거의 모든 병원에서 일어나는 일상인데, 그 일상의 이면적 동기는 사람에 따라서 매우 다른 양태로 드러날 수밖에 없다.

그러나 사람의 생명은 언제 시작되는 것으로 보아야 하는지, 사람의 생명이 지니고 있는 의미는 무엇인지, 사람에게 고통을 야기하는 질병의 원인은 무엇인지, 질병으로 인한 사람의 고통은 부정적이기만 한 것인지, 의료진은 사람의 생명을 연장하는 것과 고통을 줄이는 것 사이에서 어디에 무게중심을 더 두어야 하는지, 의료보험의 혜택을 어떤 기준으로 배분해야 할지, 한정된 기금 가운데 중증환자의 치료나 경증환자의 치료 또는 건강한 사람의 질병예방 등 어디에 우선순위를 두어야 할지, 죽음은 언제나 피하기만 해야 하는 것인지, 죽음의 의미는 무엇이며 죽음 이후는 아무것도 존재하지 않는 것인지 등의 질문에 대해서 자기 대답을 가진 의료인이라야 의료현장에서 자신의 의료행위를 당당하게 수행할 수 있을 것이다.

기독교대학이 운영하는 의료기관에서 일어나는 모든 일상에는 그 이면에 기독교 신앙이 자리하고 있다. 기독교 신앙은 성경과 이성과 교회 전통, 세 축을 근거로 한다. 성경은 하나님의 말씀으로 대변되고, 이성은 세상을 이해하는 생득적인 도구이며, 교회 전통은 신앙공동체가 살아온 삶의 흔적이다. 그리고 이 셋은 서로를 보완한다. 그러나 그중 가장 중요한 근거는 성경이라고 할 수 있는데, 하나님의 말씀으로 제어되지 않는 이성은 사람을 교만에 빠뜨릴 수 있고, 성경과 그 해석에 근거하지 않은 교회 전통은 처음부터 전제될 수 없기 때문이다. 그러므로 필자는 본 논고를 통해서 성경을 어떻게 읽어야 바르게 읽는 것이 될지, 기독교대학의 의료기관에서 제기되는 다양한 문제를 해소하기 위해서 성경의 어떤 부분을 중요한 근거로 삼아야 할지, 그리하여 기독교적인 생명의료윤리는 어떤 방향을 향해서 나아가야 할지 등을 논구하고자 한다.

II. 기독교적인 생명의료윤리의 근거로서 성경 읽기

존 도미닉 크로산(John Dominic Crossan)은 그의 저서 『성경을 어떻게 읽어야 참 그리스도인이 되는가』에서 성경은 제국들의 폭력에 대한 하나님의 생명정의평화운동의 선언서라고 주장한다.[2] 그러나 그는 성경에는 하나님의 비폭력적인 요구와 폭력적인 요구가 혼재되어 있고, 역사적 예수의 비폭력적인 규범이 묵시적 그리스도의 폭력적인 대망으로 대체되어 있으며, 바울의 급진적인 메시지가 보수적인 가짜 바울 또는 반동적인 안티 바울의 메시지로 전도되었다고 지적한다.[3] 그래서 그는 성경의 모체처럼 등장하는 하나님(예수, 바울)의 급진성이 시간이 지나면서 언제나 문명의 정상성 속으로 편입되었고, 이로 인해 적지 않은 왜곡이 일어났음을 문제로 제기한다.[4] 또한 그는 하나님이 그리스도 안에서 계시되었고, 그리스도가 예수 안에서 계시되었다는 사실과 함께 성경의 규범은 성경에 담겨 있는 그리스도이고, 그리스도의 규범은 역사적 예수라는 사실을 강조한다.[5] 우리는 크로산을 통해서 성경을 전체적으로 읽는 것이 중요하지만, 성경에 기록

---

2 존 도미닉/김준우 역, 성경을 어떻게 읽어야 그리스도인이 되는가: 창세기부터 계시록까지 하나님의 폭력을 어떻게 이해할 것인가? (서울: 한국기독교 연구소, 2015), 27.

3 위의 책, 46.

4 위의 책, 327.

5 위의 책, 58, 330.

되어 있는 모든 내용을 동등한 무게로 이해하기보다는 역사적 예수의 삶과 가르침에 보다 무게를 두고 기독교인들의 삶과 규범을 거기에서 원용해야 함을 알 수가 있다.

잭 로저스(Jack Rogers)는 『예수 성경 동성애』라는 그의 저서에서 억압을 정당화하기 위한 성경 오용의 패턴을 지적한다.[6] 그는 기독교인들이 어떻게 200년 이상이나 노예제도와 여성의 예속을 수용할 수 있었는지를 질문한다. 그는 성경 해석자들이 노예제도와 여성의 역할 문제와 관련해서 널리 퍼져 있는 사회적 편견을 먼저 수용하고, 다음에는 그 편견을 성경 속에 대입해서 읽었기 때문이라고 대답한다. 더욱이 특정한 성경본문을 전체적인 문맥에서 떼어내어 문자적으로 읽었기 때문에 노예와 여성들은 비극적인 결과에 직면할 수밖에 없었다고 말한다. 그러나 그는 성경해석의 획기적인 진전으로 성경의 특정 구절을 문맥에서 떼어내 보편 법칙처럼 다루는 대신, 예수의 구원의 삶과 사역이라는 렌즈를 통해서 성경의 각 단락을 읽어야만 문화적 현상유지 가운데 억압받던 사람들이 자유롭게 될 수 있었음을 주장한다.[7] 잭 로저스는 성경을 해석하는 논쟁의 시대에 일곱 개의 지침을 개혁주의 고백 전통에 근거해서 제시한다.[8] "예수 그리스도가 성경의 중심임을 인지하라. 비유나 주관적인 판타지보다 문법과 역사적인 상황에 맞는 성경의 분명한 본문에 초점을 맞춰라. 하나님의 메시지를 해석하고 적용하는 데 성령의 인도를 의지하라. 교회의 교리적 합의를

---

6 잭 로저스/조경희 역, 예수 성경 동성애: 신화를 타파하라 교회를 치유하라, (서울: 한국기독교연구소, 2015). 59-88.

7 위의 책, 89-115.

8 위의 책, 117-140.

따르라. 모든 해석이 하나님을 사랑하고 이웃을 사랑하라는 규범에 일치하도록 하라. 성경해석은 최선의 본문을 찾고, 하나님의 메시지를 들었던 역사적이고 문화적인 상황을 고려하며 진지하게 연구하라. 성경의 특정 구절을 성경의 모든 면(전체적인 흐름)에 비추어 해석하라."[9]

우리가 성경을 읽을 때 가장 위험한 것은 성경의 모든 구절을 일점일획도 틀림이 없는 하나님의 말씀이라 전제하고, 앞뒤 문맥을 충분히 고려하지 않은 채 자신이 전제한 이해관계에 따라서 아전인수 격으로 성경을 읽는 것이라고 말할 수 있다.[10] 그러므로 우리는 성경 가운데서도 예수께서 직접 하신 말씀, 그 말씀 가운데서도 역사적 예수께서 실제 했으리라고 추정되는 말씀에 비중을 두고, 사랑과 정의, 평화와 풍성한 삶을 지향하면서 기독교적인 생명의료윤리의 근거와 방향을 찾고자 노력해야 할 것이다.

III. 기독교적인 생명의료윤리의 방향 찾기

동서고금을 막론하고 사람들은 동일한 성경이라도 서로 다르게 읽고, 다른 내용으로 해석한다. 앞에서 살펴보았듯이 존 도미닉 크로산이나 잭 로저스의 주장처럼 예수 그리스도에게 집중해서 성경을 읽는 것만이 성경해석의 오류를 줄이거나 피할 수 있는 첩경이라 말할 수 있다. 그러므로 필자는 예수 그리스도의 삶과 가르침에 집중한 성경읽기를 통해서 기독교

---

9 위의 책, 117–140.

10 박홍순, "대학생선교를 위한 대안적 성서해석", 대학과 선교 14 (2008), 167–186.

적인 생명의료윤리의 중요한 방향을 찾으려고 한다.

1. 생명의 이해

예수께서는 아버지의 유산을 형제와 나누어 달라는 어떤 사람에게 한 부자의 이야기를 통해서 "어리석은 자여, 오늘 밤에 네 영혼을 도로 찾으리니 그러면 네 준비한 것이 누구의 것이 되겠느냐."(눅 12:20)라고 반문하셨다. 여기에서 우리는 '도로 찾으리니'란 구절에서 생명을 주신 분도 하나님이시고, 생명을 거두시는 분도 하나님이심을 알 수가 있다. 하나님께서는 생명(生命), 살라는 명령 속에서 모든 인간에게 생명을 주시고, 당신의 섭리 가운데서 그 생명을 이끄신다. 인간은 생물학적으로 부모를 통해서 생명이 부과되었다고 말하지만, 신앙인의 경우에는 하나님의 계획과 기대치 속에서 생명이 부과된 것이라고 고백한다. 그러므로 기독교적인 생명의료윤리는 하나님께서 부과하신 생명을 거두실 때까지는 누구나 살 수 있는 권리가 있다는 사실과 어떤 경우에도 스스로 살아야 할 책임이 있다는 사실, 그리고 죽어가는 생명에 대해서 최선을 다해 살려야 할 책임이 있다는 사실을 직시해야 할 것이다.[11]

예수께서는 니고데모에게 거듭남의 비밀을 말씀하시면서 "하나님이 세상을 이처럼 사랑하사 독생자를 주셨으니 이는 그를 믿는 자마다 멸망하지 않고 영생을 얻게 하려 하심이라."(요 3:16)라고 말씀하셨다. 인간의 생명은 육체적인 생명과 하나님과 잇대어 사는 영적인 생명으로 구성되어 있다. 육체적인 생명은 영적인 생명의 그릇이고, 영적인 생명은 육체적인

---

11 폴 투르니에/마경일 역, 성서와 의학: 그리스도인 의사를 위한 복음, (서울: 다산글방, 2004), 186f.

생명의 핵심이다. 영생이란 죄로 인해서 멸망할 수밖에 없는 인간이 회개함으로써 하나님과의 관계를 새롭게 설정하고 거듭난 삶을 살아가게 되는 것이다. 그러므로 기독교적인 생명의료윤리는 영생이 생물학적으로 죽은 후에 저 세상에서 비로소 시작되는 삶이 아니라 하나님과 관계를 설정하는 순간부터 시작되는 삶임을 인식하고, 육체적인 생명을 돌보는 것과 함께 영적인 생명까지 돌보도록 도전해야 할 것이다.[12]

또한 예수께서는 자신을 양의 문과 선한 목자에 비유하시면서 "내가 온 것은 양으로 생명을 얻게 하고 더 풍성히 얻게 하려는 것이라."(요 10:10)라고 말씀하셨다. 인간의 생명은 세상에서 멸망당하기 위해서 존재하는 것이 아니다. 인간의 생명은 절망과 고통, 불평과 불만, 분노와 원한 가운데 방치되어서 비참하게 살아도 좋은 것이 아니다. 양이 푸른 초장에서 목자의 인도를 받아 신선한 풀과 깨끗한 물을 먹고 마시며 풍성한 삶을 평화롭게 누리는 것처럼, 인간의 생명 역시 하나님과의 교감 속에서 서로 사랑하는 가운데, 정의로운 사회 속에서 평화롭게 살아야 할 존재이다. 그러므로 기독교적인 생명의료윤리는 인간의 생명이 질적으로 고양된 풍성한 삶을 살아가도록 치료하고 연구하며 가르쳐야 할 것이다.

2. 인간의 이해

갈라디아서는 "너희는 유대인이나 헬라인이나 종이나 자유인이나 남자나 여자나 다 그리스도 예수 안에서 하나이니라."(갈 3:28)라고 기록하고 있

---

12 길버트 메일렌더/박재현, 이일학 역, 기독교적 관점에서 본 생명윤리, (서울: 킹덤북스, 2015), 24.

다.[13] 예수께서는 유대인과 이방인의 적대적인 관계를 해소해서 하나님의 나라를 동일하게 전하셨고, 종과 자유인의 계급적인 관계를 허물어 친교를 나누게 하셨으며, 남자와 여자의 종속적인 관계를 떠나 서로 평등하게 하셨다. 뿐만 아니라 예수께서는 성인과 어린아이 사이의 세대적인 장벽을 뛰어넘으셨고, 부자와 가난한 자 사이의 빈부 간격을 해소하셨으며, 의인과 죄인의 도덕적인 장벽을 허무셨다. 그러므로 기독교적인 생명의료윤리는 모든 의료인으로 하여금 인종과 국적, 성별과 계급, 나이와 도덕적 수준 등을 뛰어넘어서 모든 사람을 있는 모습 그대로 평등하게 대하도록 선도해야 할 것이다.

예수께서는 산상수훈에서 "무엇이든지 남에게 대접을 받고자 하는 대로 너희도 남을 대접하라 이것이 율법이요 선지자니라."(마 7:12)라고 가르치셨다. 이 구절은 황금률이라고 지칭되고 있는데, 우리는 황금률의 본래적인 의미를 오해하고는 한다. 내가 누군가에게 대접을 받고 싶은데 그가 나를 대접하지 않을 때, 내가 먼저 그를 대접하면 그도 나중에 나를 대접할 것이라는 'Give and Take'라는 해석의 틀로써 이해하기 때문이다. 그러나 이 구절은 내가 누군가에게 대접을 받고 싶은 바로 그 방식과 그 내용으로 조건 없이 최선을 다해서 대접하라는 것이다. 이 구절 어디에도 내가 대접하는 상대가 나에게 보은의 대접을 해야 함을 전제하지 않는다. 그러므로 기독교적인 생명의료윤리는 의료인들이 환자나 환자 가족, 또는 동료 의

13 갈라디아서의 3장 28절의 말씀과 같은 맥락의 말씀이 에베소서 2:14–16절의 말씀이다. "그는 우리의 화평이신지라 둘로 하나를 만드사 원수 된 것 곧 중간에 막힌 담을 자기 육체로 허시고 법조문으로 된 계명의 율법을 폐하셨으니 이는 이 둘로 자기 안에서 한 새 사람을 지어 화평하게 하시고 또 십자가로 이 둘을 한 몸으로 하나님과 화목하게 하려 하심이라."

료관계자들을 만날 때, 아낌없이 베풀고 나누며 섬길 수 있도록 의료인들의 인격적 수준을 고양해야 할 것이다.

한편 예수께서는 율법 가운데 어느 계명이 크냐고 질문한 어느 율법사에게 "네 마음을 다하고 목숨을 다하고 뜻을 다하여 주 너의 하나님을 사랑하라 하셨으니 이것이 크고 첫째 되는 계명이요 둘째도 그와 같으니 네 이웃을 네 자신 같이 사랑하라 하셨으니 이 두 계명이 온 율법과 선지자의 강령이니라."(마 22:37-40)라고 가르치셨다. 예수께서는 성경 전체를 율법과 선지자로 지칭하시면서 그 내용의 핵심을 하나님 사랑과 이웃 사랑, 두 마디로 요약하셨다. 예수의 삶과 가르침에 의하면 하나님 사랑과 이웃 사랑은 별개의 영역이 아니다. 하나님을 사랑하기 때문에 이웃을 사랑하고, 이웃을 사랑하는 것으로써 하나님에 대한 사랑을 드러내는 것이기 때문이다. 예수께서는 이웃에 대한 사랑을 보다 완벽하도록 하기 위해서 원수 사랑까지 요구하셨다. "오직 너희는 원수를 사랑하고 선대하며 아무것도 바라지 말고 꾸어 주라 그리하면 너희 상이 클 것이요 또 지극히 높으신 이의 아들이 되리니 그는 은혜를 모르는 자와 악한 자에게도 인자하시니라."(눅 6:35) 그러므로 기독교적인 생명의료윤리는 의료인들에게 그들이 대면하기 어려운 환자를 만났을지라도 성심성의껏 인격적인 치료를 다하도록 도전해야 할 것이다.[14]

---

14 모든 병원에서는 상스런 욕을 하거나, 의료진에 대한 배려 없이 일방적으로 자신의 입장만을 요구하거나, 아주 긴급하다며 우선적인 진료를 요구하는 등 다루기가 매우 어려운 환자들을 진상 환자라 명명하고, 회피하는 경향이 있다. 그러나 그들조차도 의료인들이 최선을 다해서 섬겨야 할 대상임을 인정해야 한다.

3. 질병과 고난의 이해

예수께서 길을 가시다가 시각장애인을 만나셨을 때, 제자들이 질문했다. “이 사람이 맹인으로 난 것이 누구의 죄로 인함이니이까, 자기니이까 그의 부모니이까?”(요 9:2) 유대인들에게는 질병을 죄의 결과로 보는 종교적 관습이 있었기 때문이다. 그러나 예수께서는 시각장애인이나 한센인 또는 귀신들린 자(정신질환자) 등 각종 질환자들을 외면치 않으셨고, 그들의 간절한 치료 요청에 직면해서 언제나 응답하셨을 뿐만 아니라, 질병에 대해서는 동시대 사람들과는 매우 다르게 이해하셨다. “이 사람이나 그 부모의 죄로 인한 것이 아니라 그에게서 하나님이 하시는 일을 나타내고자 하심이라.”(요 9:3) 아마도 유대인들이 예수를 십자가에 못 박은 이유 가운데 하나는 예수께서 환자들을 치료하셨기 때문이 아니라, 자신들이 죄인이라 취급하는 환자들의 친구가 되셨기 때문일 것이다. 인간이 살면서 질병으로 고통을 당하는 것은 누구에게나 자연스러운 일이다. 질병은 당사자나 부모의 죄로 인한 하나님의 벌이나 저주가 아니다. 하지만 질병에 직면한 환자 당사자는 질병의 상황 가운데 하나님께서 원하시는 일이 무엇인지를 질문할 수 있어야 한다. 자신이 살아온 삶의 방식을 회개하며 돌이키는 일, 생명과 건강이 하나님의 선물임을 깨닫는 일, 나아가 질병으로 고통당하는 다른 환자들을 이해하고 그들의 고통을 덜어주는 일이 필요하기 때문이다.[15] 그러므로 기독교적인 생명의료윤리는 의료인들이 환자들을 임의로 판단하거나 정죄하기보다는 인간 그 자체로서 인정하고 섬기도

---

15 폴 투르니에, 성서와 의학: 그리스도인 의사를 위한 복음, 264. 예수는 질병이나 재난이 죄와 직접적인 인과관계가 있음을 부정하지만, 다른 사람의 경우를 통해서 스스로 자신을 돌아보는 기회로 삼는 것은 복음의 정신이다.

록 주의를 기울여야 할 것이다.[16]

예수께서는 태어나서 죽음에 이르기까지 고난의 삶을 사셨다. 낮고 비천한 말구유에서 태어나셨다. 이집트로 피난을 가셔야 했다. 갈릴리의 가난한 동네 나사렛에서 아버지 요셉의 이른 죽음 후에는 목수의 직업으로 어머니 마리아와 형제자매들을 부양하는 소년가장으로서 사셔야 했다. 공적인 사역을 시작하기 전에는 40일 금식과 함께 마귀의 시험을 받으셔야 했다. 기적을 베푸셨을 때 자신을 환영하며 왕으로 삼으려 했던 대중들이 지도자들의 사주로 인해서 자신을 죽이려고 돌변하는 상황까지 목도하셔야 했다. 동고동락하던 제자들은 십자가 고난에 함께 하기는커녕 대부분이 배신했던 것을 고통스럽게 경험하셔야 했다. 마지막에는 십자가에 못 박히는 고통과 함께 온갖 모욕을 당하시며 돌아가셔야 했다. 어찌 보면 예수께서는 태어나서 죽기까지 고난과 고통으로 가득 찬 인생을 사셨다. 그러나 그 고난과 고통이 인간을 구원하는 길이 되었고, 인간의 질병을 치유하는 길이 되었으며, 고통당하는 모든 사람의 위로가 되었다. 이사야의 예언이 성취되었던 것이다.

---

16 김동극, 특수교육 수기: 죄없는 아이들, 서울 1990, 12f. 김동극의 장애 아동에 대한 인식은 매우 탁월하다. "여러분들의 (장애)어린이는 여러분의 자식이 아닙니다. 신의 부탁으로 맡아 키우는 아이입니다. 신은 그 장애아를 두고 많이 고민했을 것입니다. 이 아이를 누구에게 맡겨야 보다 더 행복하게 키워줄 것인가? 이렇게 생각한 신은 그 사람을 뽑는데 힘썼을 것입니다. 신은 마침내 여러분을 선택한 것입니다. 얼마나 영광스럽습니까? 그러나 그 고통은 여간 큰 것이 아닙니다. 여러분의 그 고통을 신만은 알 것입니다. 여러분들이 살아있는 동안은 그 고통에 대한 보상은 없을지 모릅니다. 그러나 여러분들이 저 세상에 가시게 되면 그 때 영광스러운 보상이 있을 것입니다. 신의 보상 말입니다."

"그는 멸시를 받아 사람들에게 버림받았으며 간고를 많이 겪었으며 질고를 아는 자라 마치 사람들이 그에게서 얼굴을 가리는 것 같이 멸시를 당하였고 우리도 그를 귀히 여기지 아니하였도다. 그는 실로 우리의 질고를 지고 우리의 슬픔을 당하였거늘 우리는 생각하기를 그는 징벌을 받아 하나님께 맞으며 고난을 당한다 하였노라. 그가 찔림은 우리의 허물 때문이요 그가 상함은 우리의 죄악 때문이라. 그가 징계를 받으므로 우리는 평화를 누리고 그가 채찍에 맞으므로 우리는 나음을 받았도다."(사 53:3-5)

헨리 나우웬은 스스로 고난을 당함으로 인간을 위로하고 치유하신 예수에 대해서 "상처입은 치유자"라고 지칭한 바가 있다.[17] 그러므로 기독교적인 생명의료윤리는 의료인들로 하여금 고난과 고통이 없는 삶이 세상에는 없음을 직시하고, 고난과 고통을 무의미한 것으로 여기기보다는 더욱 성숙한 삶의 자리로 나아갈 수 있는 기회로서 이해하도록 도전해야 한다. 그리고 환자와 가족들의 고난과 고통을 있는 그대로 이해하는 가운데, 아파하는 자와 함께 아파하고, 우는 자와 함께 우는 심정으로 환자와 가족들의 상황을 스스로 동일시하면서 그들의 고난과 고통을 나누고자 노력해야 할 것이다.[18]

---

17 헨리 나우웬/최원준 역, 상처입은 치유자, (서울: 두란노, 2010).

18 Allen Verhey, *Reading the Bible in the Strange World of Medicine*, Grand Rapids: Wm. B. Eerdmans Publishing Co, 2003, 6-10. Verhey는 예수를 위대한 치유자와 우리를 위해 고난당하는 수난자로서 규정하고, 기독교공동체의 의무로서 환자들에 대한 돌봄을 강조한다.

4. 우선적 관심 대상인 약자의 이해

예수께서는 "건강한 자에게는 의사가 쓸 데 없고 병든 자에게라야 쓸 데 있느니라."(마 9:12, 막 2:17, 눅 5:31)라고 말씀하셨다. 예수의 관심은 건강한 자보다는 지금 병들어 고통당하는 자에게 있었다. 지금 병들어 고통당하던 자가 시간이 지나 건강하게 되고 지금 건강하던 자가 나중에 병들게 되면, 그때 예수의 관심은 병으로부터 건강해진 사람보다 당장 병으로 고통당하는 사람에게로 옮겨갈 것이다. 건강한 자와 비교하면 병든 자는 언제나 돌봄을 받아야 하는 약자의 위치에 있기 때문이다. 예수께서는 "수고하고 무거운 짐 진 자들아 다 내게로 오라 내가 너희를 쉬게 하리라."(마 11:28)라고 말씀하셨다. 예수의 관심은 세상에서 아무 고통 없이 안락하게 사는 사람보다는 고통의 짐을 지고 수고하는 사람에게 우선적으로 있었다. 안락하게 사는 사람과 비교하면 언제나 수고하고 무거운 짐을 진 자가 더 많은 관심과 배려를 필요로 하고 있기 때문이다. 예수께서는 "나는 의인을 부르러 온 것이 아니요 죄인을 부르러 왔노라."(마 9:13, 막 2:17, 눅 5:32, 눅 15: 잃은 양 비유, 잃은 드라크마 비유, 잃은 아들을 되찾은 아버지 비유)라고 말씀하셨다. 예수의 관심은 의인이라 자처하는 사람보다는 죄인이라 고백하는 사람에게 우선적이었다. 회개를 촉구하는 예수의 말씀이 스스로 의인이라 자처하는 사람에게서는 허공으로 사라질 것이지만, 스스로 죄인이라 고백하는 사람에게는 길과 진리와 생명의 말씀이 될 것이기 때문이었다. 예수께서는 이스라엘에서 사회적으로 지탄을 받던 세리와 창기들에게 우선적인 관심을 갖고 다가가셨기에, 그분의 별명은 '세리와 죄인의 친구'였다(마 11:19, 눅 7:34). 그러므로 기독교적인 생명의료윤리는 사람들 가운데서 지금 고통으로 몸부림치는 '환자들'에게, 환자들 가운데서는 '더 가난한 사람들'에게, 더 가난한 사람들 가운데서는 '더 많은 관심과 배려가 필요한 사람들'에게, 그리고 자신을 스스로 보호할 수 없는 완전히 무력한 태아와 같은 사람들에게 우선적인 돌봄과 도움을 주는 의료문화를 형성해야 할 것이다.[19]

예수께서는 자기 영광의 보좌에서 심판하실 때, 주린 자에게 먹을 것을 주고, 목마른 자에게 마실 것을 주고, 나그네를 영접하고, 헐벗은 자에게 옷을 입히고, 병든 자를 돌보고, 옥에 갇힌 자를 찾아와 보살펴준 사람들을 향해서 그러한 모든 행위가 당신 자신에게 한 것이라고 말씀하셨다. "내가 진실로 너희에게 이르노니 너희가 여기 내 형제 중에 지극히 작은 자 하나에게 한 것이 곧 내게 한 것이니라."(마 25:40) 지금 우리가 사는 세상에는 절실한 필요 가운데서 고통당하는 사람들이 적지 않다. 예루살렘에서 여리고로 가다가 강도를 만나서 죽을 만큼의 폭력을 당하고 길가에 버려졌던 사람처럼, 세상에는 그와 유사한 상황에 있는 지극히 작은 자들이 있는 것이다. 예수께서는 우리에게 강도 만난 자의 이웃이 되어서 사마리아 사람처럼 자비를 베풀라고 말씀하셨다(눅 10:36-37). 예수께서는 세상에서 강도 만나 죽어가는 지극히 작은 자들 가운데 함께 계셨고, 그들 한 사람 한 사람과 당신을 동일시하셨다. 소수의 권력자나 특권층 또는 강자 중심으로 돌아가는 사회는 병든 사회이지만, 지극히 작은 자를 우선적으로 고려하고 배려하는 사회는 윤리적으로 성숙한 사회라고 말할 수 있다. 그러므로 기독교적인 생명의료윤리는 의료인들로 하여금 자신을 찾아오는 환자들을 예수로서 보고, 그들의 이웃이 되어서 그들에게 절실한 필요

---

19 존 프레임/이경직 외, 기독교윤리학: 그리스도인의 삶에 대한 교리, (서울: P&R, 2015), 946f.

를 충족시켜줄 수 있도록 도전해야 한다.[20]

5. 하나님의 나라와 선교의 이해

예수께서는 하나님의 나라를 겨자씨에 비유하셨다. "천국은 마치 사람이 자기 밭에 갖다 심은 겨자씨 한 알 같으니 이는 모든 씨보다 작은 것이로되 자란 후에는 풀보다 커서 나무가 되매 공중의 새들이 와서 그 가지에 깃들이느니라."(마 13:31b–32) 하나님의 나라는 갈릴리의 나사렛 예수로부터 미비하게 시작되었지만, 12 제자와 초대교회 공동체를 거쳐서 오늘 세계인구 78억 명 가운데 22억 명 이상의 사람들이 기독교를 신앙할 만큼 확장되었다. 하나님의 나라는 모든 사람을 위한 사랑과 정의, 그리고 평화가 실현되는 과정 가운데 있는 나라이다. 거기에는 억압과 수탈도 없고, 해를 주거나 해를 당하는 것도 없다. 그렇기 때문에 하나님의 나라는 누구보다도 지극히 작은 자에게 더 큰 희망으로 다가온다. 또한 예수께서는 하나님의 나라를 누룩에 비유하기도 하셨다. "천국은 마치 여자가 가루 서 말 속에 갖다 넣어 전부 부풀게 한 누룩과 같으니라."(마 13:33) 하나님의 나라는 누룩이 가루를 부풀게 하는 것처럼 양적인 확장의 차원만 지닌 것이 아니라, 질적인 변화의 차원도 동시에 지니고 있다. 따라서 하나님의 나라는 그 구성원인 사람들과 그들의 삶의 자리인 크고 작은 공동체에서 언제나 합당한 변화를 일으키는 것이다.

어느 날 바리새인들이 하나님의 나라가 언제 임하는가를 질문했을 때, 예수께서 다음과 같이 대답하셨다. "하나님의 나라는 볼 수 있게 임하는

---

20 설대위/김민철 역, 상처받은 세상 상처받은 치유자들: 의료선교의 도전과 위기, (서울: 한국기독학생회출판부, 1997), 73.

것이 아니요 또 여기 있다 저기 있다고도 못하리니 하나님의 나라는 너희 안에 있느니라."(눅 17:20b–21) 하나님의 나라는 새 하늘과 새 땅이 도래하는 그날에 완성될 것이지만, 그렇다고 죽음 이후에 시작되는 나라가 아니라는 말씀이다. 하나님의 나라는 미약하지만 우리 가운데서 이미 시작되었고, 완성을 향해서 끊임없이 나아가고 있다는 말씀이다. 예수께서는 승천하시기 전에 "너희는 가서 모든 민족을 제자로 삼아 아버지와 아들과 성령의 이름으로 세례를 베풀고 내가 너희에게 분부한 모든 것을 가르쳐 지키게 하라."(마 28:19–20a)라고 당부하셨는데, 이는 예수의 가르침에 순종하는 사람과 공동체 가운데서 하나님의 나라가 시작되기 때문이다. 또한 예수께서는 하늘로 올라가실 때, "오직 성령이 너희에게 임하시면 너희가 권능을 받고 예루살렘과 온 유대와 사마리아와 땅 끝까지 이르러 내 증인이 되리라."(행 1:8)라고 말씀하셨는데, 이로써 하나님의 나라를 확장하는 선교가 모든 기독교인과 모든 기독교 공동체의 사명임을 선언하셨다. 그러므로 기독교적인 생명의료윤리는 의료인들로 하여금 인간의 삶과 삶의 현장 자체를 질적으로 바꾸는 하나님의 나라를 환자들과 가족들에게 전하도록 해야 할 것이고, 나아가 의료현장이 하나님의 사랑과 정의, 그리고 평화를 구체적으로 경험할 수 있는 자리가 되도록 도전해야 할 것이다.[21]

---

21 위의 책, 18ff. 설대위는 기독교 병원이 추구해야 할 것을 다음과 같이 제시하고 있다. 1. 우리는 질병 중심적이기보다는 인간 중심적이어야 한다. 2. 하나님의 진리와 자비가 우리 공동의 삶을 지배해야 한다. 3. 우리는 예수 그리스도의 복음의 말씀에 절대적으로 순종해야 한다. 4. 우리는 교회의 치료하는 손이 되어야 한다. 5. 지역 사회는 우리가 의술을 행하는 교구이다.

6. 죽음과 부활의 이해

죽음은 하나님의 창조질서이기 때문에 누구도 죽음을 피할 수가 없다. 그러나 불로초를 찾았던 진시황제처럼 육체적인 죽음을 스스로 원하는 사람은 거의 없다. 인간은 죽음 앞에 직면하면 두려움을 가질 수밖에 없는 나약한 존재이다. 예수께서도 십자가의 죽음을 목전에 두셨을 때, 죽음만은 피하기를 원하여 이렇게 기도하셨다. "내 아버지여, 만일 할 만하시거든 이 잔을 내게서 지나가게 하옵소서."(마 26:39a) 그리고 그 죽음의 고통이 얼마나 컸는지를 우리는 예수께서 십자가 죽음의 절정 속에 외친 소리로 알 수가 있다. "엘리 엘리 라마 사박다니, 나의 하나님, 나의 하나님, 어찌하여 나를 버리셨나이까?"(마 27:48) 한편 누가복음을 보면, 십자가에서 마지막으로 하신 예수의 말씀을 한 마디 더 발견할 수가 있는데, 그것은 "아버지여, 내 영혼을 아버지 손에 부탁하나이다."(눅 23:46)라는 말씀이다. 우리는 예수의 이 말씀을 통해서 그가 죽음의 마지막 순간에는 평안한 죽음에 이르렀음을 추정할 수 있다. 예수께서는 자신의 죽음 가운데 하나님께서 함께 계신다는 것과, 자신의 죽음 이후에는 하나님의 손에 붙잡혀서 부활의 몸으로 일어날 것을 믿음으로 확신하셨기 때문이다.

죽음은 우리가 사는 세상으로부터 인간을 완벽하게 단절시킨다. 죽음은 인간이 세상에 살면서 형성한 인간관계를 단절하고, 축적된 소유관계를 중단하는 시점이다. 육체는 흙으로 돌아가고, 더 이상의 육체적인 경험은 멈추는 것이다. 그러므로 우리에게 죽음의 도래는 언제나 두렵고 안타까운 것이다. 여기서 우리는 다시 한 번 질문할 필요가 있다. 죽음이 정말 끝인가? 물론 죽음이 지금 살고 있는 세상에서 우리의 육체적인 삶을 끝나게 한다는 점에서 끝이라고 말할 수는 있다. 하지만 하나님께서 함께하시는 새로운 세상에서 부활의 몸으로 다시 살게 될 것이라는 점에서는 통과의례이다. 예수께서는 공적인 사역을 수행하실 때 죽음과 부활에 대해서 명확하게 말씀하셨다. "나는 부활이요 생명이니 나를 믿는 자는 죽어도 살겠고, 무릇 살아서 나를 믿는 자는 영원히 죽지 아니하리라."(요 11:25-26) 기독교 신앙인들에게 죽음이 두려움과 안타까움일 수만 없는 것은 부활의 삶이 하나님의 선물로 주어질 것을 소망하기 때문이다. 그러므로 기독교적인 생명의료윤리는 죽음이 도래하는 순간을 의학의 발전을 통해 가능한 한 늦추면서 풍성한 생명의 조건을 신장하도록 노력해야 하겠지만,[22] 죽음 이후에 주어질 부활의 몸에 대한 소망 가운데 생명의 무조건적인 연장을 고집하지는 않도록 지도해야 할 것이다.[23]

IV. 맺는 말

필자는 성경을 바로 읽기 위한 초점이 무엇이어야 할지를 먼저 제안했다. 그리고 예수의 삶과 가르침을 중심으로 기독교적인 생명의료윤리의 중요한 근거와 방향을 설정하기 위해 논구했다. 이제 우리가 예수의 삶과 가르침을 렌즈 삼아서 복음서만이 아니라 성경 전체를 읽어나간다면, 기

---

22 존 프레임, 기독교윤리학: 그리스도인의 삶에 대한 교리, 898. "(살인하지 말라는 계명) 여섯째 계명은 살인을 자제하라는 것만을 명령하진 않는다. 여섯째 계명은 생명 상실에 대해 조심해야 한다고 명령한다. 우리는 누군가가 살해를 당할 수도 있는 가능성에 주의를 기울여야 하며 또한 상황 가운데 생명을 위협하는 요소들을 바로 잡는데 주의를 기울여야 한다."

23 폴 투르니에, 성서와 의학: 그리스도인 의사를 위한 복음, 296. "환자가 살아나거나 죽거나 어떤 경우에라도 ... 거기 계신 것은 하나님이다."

독교적인 생명의료윤리를 위한 성경의 근거는 무궁무진하게 발굴될 수 있을 것이라 사료된다.

그러나 기독교적인 생명의료윤리는 현대사회와 의료현장에서 일어날 수 있는 모든 문제를 성경만으로 해석하고, 성경만으로 문제 해결의 모든 방안을 제시할 수 있는 것처럼 과용을 부릴 수는 없다. 때문에 기독교적인 생명의료윤리는 언제나 인접 학문과의 다학제적인 접근을 필요로 한다. 자신의 정체성을 기독교인으로 고백하고, 예수의 가르침과 삶을 따라서 살고자 하는 다양한 분야의 전문가들(의사, 간호사, 각종 의료현장 종사자, 신학자, 철학자, 법학자, 심리학자, 사회복지사 등)이 집단지성을 발휘할 수 있다면, 의료현장에서 발생하는 모든 사안에 대한 최선의 길을 만들 수 있을 것이다.

우리는 주변에 선교사나 기독교인 설립자들의 수고와 헌신 가운데 세워진 기독교대학의 의료기관이 적지 않음을 알고 있다. 그러나 그 기관들이 기독교적인 자기 정체성을 제대로 유지하기 위해서 부단히 노력하고 있는지는 의문이다.[24] 병원에 불리한 의료수가, 늘어나는 의료비용, 의료분야의 지나친 전문화와 환자의 비인격화, 의학적인 효과의 과대포장, 세속주의, 자본주의적인 경쟁과 이윤창출의 극대화 등으로 인해서 껍데기만 기독교 의료기관일 뿐, 일반 병원과 차별 없이 운영되는 기독교대학의 의료기관도 적지 않기 때문이다.[25]

---

24 허도화, "기독교대학의 정체성 회복방안: 기독교인 교수의 책임과 역할을 중심으로", 대학과 선교28 (2015), 75-112.

25 설대위, 상처받은 세상 상처받은 치유자들: 의료선교의 도전과 위기, 18ff. 설대위는 기독교 의료기관의 딜레마를 네 가지 측면에서 지적하고 있다. 첫째는 선교병원이 교육을 위한 의료기관으로 변해버렸다는 것, 둘째는 동정 어린 관심이 임상적인 우수성으로 대치되었다는 것, 셋째는 인격적인 치료가 생명과학적 비인

이제 우리는 기독교적인 생명의료윤리를 제대로 정립함으로써 기독교 의료기관의 자기 정체성을 강화해야 할 것이다. 우리는 의료현장에서 일어나는 모든 사안이 예외 없이 윤리적인 사안이며, 윤리가 사적인 것으로 제한되어 개인에게 전적으로 위임될 수 있는 것이 아님을 인식해야 할 것이다. 윤리라는 것은 사회적인 문제 또는 공공(公共) 정책적인 문제 등과 언제나 결부되어 있기 때문이다.[26] 그러므로 우리는 예수 그리스도의 삶과 가르침에서 출발한 기독교적인 생명의료윤리의 다학제적인 결과를 기독교대학 의료기관의 모든 구성원과 공유하는 동시에, 그들의 모든 의료행위가 기독교적 정체성에 근거한 생명의료윤리로부터 출발할 수 있도록 도전하는 일에 앞장서야 할 것이다.

격주의로 변화되었다는 것, 마지막 넷째는 복음을 증거하려는 열정적 마음이 교만으로 뒤틀려졌다는 것이다.

26 홀맨 제이 엮음/박재형 외 옮김, 의료윤리의 새로운 문제들, (서울: 예영커뮤니케이션, 1997), 25f.

김동극, 특수교육 수기: 죄없는 아이들, 서울, 1990.
나우웬, 헨리/최원준 역, 상처입은 치유자, 서울: 두란노, 2010.
래, 스콧/콕스, 폴 지음/김상득 옮김, 생명윤리학, 서울: 살림, 2004.
로저스, 잭/조경희 옮김, 예수 성경 동성애: 신화를 타파하라 교회를 치유하라. 서울: 한국기독교연구소, 2015.
메일렌더, 길버트/박재현과 이일학 옮김, 기독교적 관점에서 본 생명윤리, 서울: 킹덤북스, 2015.
박창일, 세브란스 르네상스의 비밀, 서울: 헬스조선, 2010.
박흥순, "대학생선교를 위한 대안적 성서해석", 대학과 선교 14 (2008), 167-186.
설대위/김민철 옮김, 상처받은 세상 상처받은 치유자들: 의료선교의 도전과 위기, 서울: 한국기독학생회출판부, 1997.
쉐넌, 토마스/구미정과 양재섭 옮김, 기초 생명윤리학, 경산: 대구대학교출판부, 2003.
제이, 홀맨 엮음/박재형 외 옮김, 의료윤리의 새로운 문제들, 서울: 예영커뮤니케이션, 1997.
카메룬, 니겔/권성수 옮김, 기독교 의료윤리, 서울: 도서출판횃불, 1993.
크로산, 존 도미닉/김준우 옮김, 성경을 어떻게 읽어야 참 그리스도인이 되는가: 창세기부터 계시록까지 하나님의 폭력을 어떻게 이해할 것인가?, 서울: 한국기독교연구소, 2015.
투르니에, 폴/마경일 옮김, 성서와 의학: 그리스도인 의사를 위한 복음, 서울: 다산글방, 2004.
프레임, 존/이경직 외 옮김, 기독교윤리학: 그리스도인의 삶에 대한 교리, 서울: P&R, 2015.
허도화, "기독교대학의 정체성 회복방안: 기독교인 교수의 책임과 역할을 중심으로", 대학과 선교 28 (2015), 75-112.

Verhey, Allen., *Reading the Bible in the Strange World of Medicine*, Grand Rapids: Wm. B., Eerdmans Publishing Co, 2003.

환자-의료인 관계를 다시 묻기: 폴 칼라니티, 『숨결이 바람 될 때』를 읽으며

김준혁

I. 서론

폴 칼라니티의 이름을 처음 들은 것은 2016년 미국 시애틀에서 열린 미국의과대학연맹 콘퍼런스였습니다. 당시 의학교육학과에서 일하고 있던 터라 학회에 참석하게 되었고, 그중 한 세션에 *When Breath Becomes Air*(『숨결이 바람 될 때』의 원제) 저자의 아내가 나온다는 이야기를 들었습니다. 의료인문학 전공자로서 책(당시 읽진 않았지만, 회고록일 거라 짐작했는데)이 주제가 된다는 데 솔깃해 참석했고, 멀리서나마 폴 칼라니티의 아내이자 책 에필로그를 쓴 루시 칼라니티를 볼 수 있었어요. 그저 한 의사의 회고록일 거라고 짐작했던 제 예상을 넘어서는 책 소개와 인터뷰였습니다. 유튜브에서 여전히 찾아볼 수 있는 폴, 케이디, 그리고 루시가 등장하는 동영상을 보았고, 루시는 남편 폴의 삶과 용기를 말했습니다. 그 모습에서 감동했어요. 이미 죽은 사람이지만 그가 남긴 것은 엄청나구나 하는 생각, 그리고 그 삶에 관해 더 알고 싶다는 생각과 함께요.

『숨결이 바람 될 때』의 저자인 폴은 영문학 석사 후 의과대학에 진학하여 신경외과 의사가 됩니다. 그가 폐암 말기 판정을 받은 것이 신경외과 레지던트 말년 차로 일하던 서른여섯이네요. 그 모습에 저를 비춰 보게 되는 것은 나이가 같다는 데서 오는 동질감뿐만은 아닌 것 같아요. 저를 폴과 같이 대단한 사람이라고 생각해서 그런 건 더더욱 아니고요. 2016년에 의과대학 신입생들을 가르치면서 읽었을 때와 지금 다시 읽었을 때 드는 생각이 다른 이유를 생각해보았어요. 그건, 그가 암 선고를 받은 뒤 겪은 경험들을 이제야 이해할 수 있음을 알게 되었기 때문일 것 같아요. 말 그대로 삶이 어떻게 우리를 배신하고 들이받는지, 우리가 세운 계획은 얼마나 손쉽게 틈새로 빠져나가는지, 그런데도 이 모든 것을 붙잡을 수밖에 없는 이유는 무엇인지 이젠 너무 잘 알기 때문이겠죠. 제 몇 년이 지나온 나름의 질곡이 저에게 말해주었기 때문일 거고요. 그것이 삶과 죽음, 건강과 질병을 마주하며 사는 의료인에게 왜 특별한 의미로 다가오는지도.

이 글은『숨결이 바람 될 때』에 관한 독서 일기이자, 그동안 제가 지내온 시간에 대한 회고입니다. 2016년과 2019년, 이 책을 두 번 읽으면서 지나간 3년간의 세월에 관한 두서없는 잡담이기도 하고, 의료윤리, 의료인문학을 연구하는 치과의사로서 제 삶에 관한 고찰이기도 합니다. 하지만 무엇보다, 한 사람의 의료인으로서 허황한 꿈, 나에게 없는 것들이 있다는 환상을 위해 많은 것들을 흘려보낸 고집에 대한 넋두리예요. 의료의 풍경을 바꾸고 싶다, 또는 바꿀 수 있다고 생각했던 저 자신에 대한 반성이죠. 할 수 있는 것은 충실히 내 삶을 살아가는 것이며, 그 과정에서 지나치는 일이나 사람들에게 조금이라도 도움을 줄 수 있다면 그걸로 충분한 것이라는 깨달음이기도 합니다.

II. 환자와 의료인은 어떤 관계로 만나야 할까

처음 읽었을 때 폴의 책에서 처음 눈에 들어왔던 부분은 폴과 루시가 심전도 파형에 관해 언급하는 부분이었어요.

의과 대학원에 다니면서 나는 의미, 삶, 죽음 사이의 관계를 더욱 잘 이해하게 되었다. 내가 학부생일 때 글을 써서 논했던 인간의 관계성이 의사와 환자 사이에서 실현되는 것을 볼 수 있었다. 의학도인 우리는 죽음과 고통, 그리고 환자를 돌보는 데 수반되는 여러 업무에 직면했다. 배우는 과정이라 실제로 책임을 지는 일은 없었지만, 그 무게를 희미하게나마 느낄 순 있었다. 의과 대학원 학생들은 첫 2년 동안 강의실에서 학우들과 어울리고 공부하며 시간을 보낸다. 학부에서 하던 공부의 연장으로 생각하기 쉬웠다. 하지만 의과 대학원에 입학한 해에 만나서 나중에 내 아내가 된 루시는 이 공부에 숨어 있는 의미를 이해했다. 사람을 사랑하는 그녀의 능력에는 한계가 없어 보였고, 그런 그녀에게서 많은 것을 배웠다. 어느 날 밤 루시와 나는 내 아파트의 소파에 앉아 심전도 파형을 공부했다. 그녀는 무언가 골똘히 생각하다가 치명적인 부정맥을 정확히 짚어냈다. 갑작스럽게 뭉클해진 루시는 울기 시작했다. 우리가 보고 있는 연습용 심전도가 누구의 것이든, 그 환자는 살아남지 못할 운명이었다. 그 페이지 위의 구불구불한 선들은 단순한 선 이상의 의미를 지녔다. 심실세동이 악화되어 결국 심장 수축이 멈출지도 모르는 상황을 보여주고 있었고, 사람을 눈물짓게 만들 수도 있었다.[1]

당시 의과대학 신입생을 가르치고 있었기 때문이었을까요. 아니면–지금도 마찬가지지만–의학교육에 관해 고민하고 있던 시절이라서 그랬을까요. 위에 인용한 문단이 당시 저에겐 중요하게 다가왔었어요. 이후 의료인의 공감에 관해 적은 칼럼에도 이 부분을 인용하면서 그래프 너머 삶과 죽음을 생각할 수 있는 의료인의 자세에 관해 적었지요.[2] 심전도 파형, X선이나 MRI 영상, 심지어는 병리 슬라이드는 모두 한때 누군가의 악전고

1 폴 칼라니티/이종인 역, 숨결이 바람 될 때 [전자매체본], (서울: 흐름출판; 2016), 1부 나는 아주 건강하게 시작했다.

2 김준혁, 누구를 어떻게 살릴 것인가, (서울: 문학동네, 2018), 165–166.

투를 남긴 흔적이었을 거예요. 하지만 그 맥락은 사라지고 학생들 앞에 주어지는 것은 질병의 흔적, 여기 문제가 있었음을 새긴 정보 값뿐이지요. 이런 자료를 보고 환자의 고통을, 주변 사람들에게 그의 질환이 가져왔을 중압감을 상상할 수 있는 능력. 이를 학생들에게 줄 수 있으면 좋겠다고 저는 소망했습니다. 아직도 헛된 꿈이라고 생각하지는 않아요. 단, 우리네 환경, 학생들이 공부와 실습에 치여 다른 것은 생각하지 못하는 의료계열 대학의 풍토에서, 일과 공부, 때로는 결혼과 출산 등 삶의 변화까지 모두 감내하느라 지쳐버린 대학원의 환경에서 이런 것을 바라는 것은 사치가 아닐까 하는 생각이 드는 건 어쩔 수 없는 일일까요.

다시 읽으며 그가 "인간의 관계성이 의사와 환자 사이에서 실현"된다고 적은 부분을 좀 더 생각해 봅니다. 그는 미국의 저명한 철학자, 비평가 리처드 로티 밑에서 마찬가지로 미국 시를 대표하는 시인 월트 휘트먼에 관한 논문을 씁니다. 휘트먼이 '생리적 · 영적 인간'이라고 부른 인간의 복합적 상황을 생각해보고 싶었다고 그는 말합니다. 잠깐 휘트먼이 쓴 시를 살펴보면 어떤 분위기인지 살피는 데 도움이 될 것 같아요. 서사의학에서 시를 활용할 때, 자주 언급되는 작품인 「나는 전기 통하는 몸을 노래한다」의 일부입니다.

4

나는 깨달았다, 내가 좋아하는 이들과 함께라면 족하다고,
나머지 사람들과 어울려 저녁 한때를 보내는 것으로 족하다고,
아름답고, 호기심 많고, 헐떡거리고, 깔깔대는 육신들에 둘러싸여 있는 것으로 족하다고,
그들 사이로 지나가거나 누군가를 만지거나, 잠시나마 내 팔로 그의 혹은 그녀의

목을 아주 가볍게 감싸고 쉬는 것으로, 이것이면 되었지 더 뭘 바라겠는가?
나는 더 이상의 기쁨은 바라지 않는다, 바닷물 속에 있는 양 그런 기쁨 속에서 헤엄치면 그뿐이니.

남자들 가까이 여자들 가까이 머물면서 그들을 바라보고, 그들과 접촉하고 그들의 향기에 젖어있다 보면, 영혼을 아주 즐겁게 만드는 무언가가 있다.
세상 만물이 영혼을 기쁘게 하지만, 이런 경험들은 영혼을 아주 즐겁게 한다[3]

휘트먼이 바라보는 인간이란 육신과 영혼을 동시에 가졌으며, 둘이 서로 영향을 주고받는 존재입니다. 기독교 전통에서 바라보는 인간, 죄의 육신과 선한 영혼을 나눠 영적 추구를 강조하는 관점과 달리 휘트먼은 육체의 즐거움이 영혼에 즐거움을 준다고 노래하지요. 육체가 즐거움을 얻을 수 있는 것은 다른 사람들과 어울릴 때이며, 그들의 손길이 서로에게 닿을 때입니다. 그것은 또한 영혼을 즐겁게 하는 일이기도 하지요. 학문적인 표현으로 바꿔 말하자면, 생물학적 규정 속에서 살아가는 인간 영혼에 관한 존재론적 고찰일 거예요. 그것은 지금 여기에 있는 인간 존재를 강조하는 실존주의적 접근과는 비슷하면서도 다른데, 실존주의가 본질을 부정하거나 후향적으로 형성되는 것이라고 보지만 휘트먼과 같은 견해는 생물학적 규정이 있고 그것이 경험을 제한하는 상황에서의 인간 존재를 중시하지요.

그리하여 폴이 휘트먼을 통해 생각하고자 했던 '생리적 · 영적 인간'은

---

3 월트 휘트먼/김천봉 역, 나는 전기 통하는 몸을 노래한다[전자매체본], (서울: 글과 글 사이, 2016).

프랑스 철학자 모리스 메를로-퐁티가 전개한 지각의 현상학, 몸에서 출발해 그것이 지각하는 현상에서 출발해 전개하는 사유와 같을 거예요. 우리가 받아들이는 세상이란 우리 몸이 어떤 형태와 형식을 지니고 있느냐에 따라 달라집니다. 예컨대, 청각장애가 있는 사람이 받아들이는 세상과 시각장애가 있는 사람이 받아들이는 세상은 다르다는 것이죠. 우리 각자는 자신의 세상을 창조하며 살아가는 존재들일 거예요. 그런 존재가 서로 만나 맺는 관계란 두 의식이 만나는 것뿐만 아니라 두 세계가 만나 부딪히고 서로 얽히는 과정이기도 한 것이죠.

세계의 충돌을 분명하게 볼 수 있는 관계 중 하나가 환자-의료인 관계일 거예요. 의료인은 의과학이 구성한 세계를, 환자는 자신이 경험한 세계를 의료적 장 안으로 가져옵니다. 두 세계는 서로 다른 곳을 바라보고 있기에 계속 부딪힙니다. 환자의 경험을 의료인이 듣는다고 하는 것, 그리고 의료인의 설명을 환자가 이해한다고 하는 상황에서 벌어지고 있는 현상은 정보의 교류라기보다는 두 언어 사이에서 통역이 진행되고 있는 상황에 가깝죠. 하나는 과학의 언어, 다른 하나는 일상의 언어. 두 언어 사이에서 매끄럽게 통역이 이뤄질 수 있느냐에 따라 서로의 이해 정도는 달라집니다. 하지만 서로 이해하는 것만이 관계에서 중요한 것은 아니죠. 두 사람이 서로를 전혀 이해하지 못한다고 해도, 좋은 관계를 맺을 수도 있으니까요. 그것은 서로에 대한 존중이나 감사에서 출발하는 인정의 관계일 거예요.

현대 의료윤리는 환자-의료인 관계에 관한 모형을 설정하면서 둘의 관계를 문제시하는 데에서 출발했습니다. 70년대 미국, 의료윤리학자가 본 환자-의료인 관계는 의료인이 모든 것을 좌우하는 가부장적 관계이거나,

환자가 주도하는 상업적 관계였어요. 전자는 오랜 의학적 전통에서 유지되고 있는 것처럼 보였고 후자는 자본주의하에서 모든 영역이 빠르게 상업화하면서 파생한 관계처럼 보였죠. 종양학자, 의료윤리학자 이제키엘 이매뉴얼이 '환자-의사 관계의 네 가지 모형'을 전개하면서 출발했던 지점이 바로 여기였어요.[4] 환자와 의사가 지금은 싸우고 있는데, 싸우지 않을 방법을 찾아보자는 게 그의 기획이었죠.

그는 환자-의사 관계에서 후견적, 정보적, 해설적, 숙고적 모형을 제시합니다. 후견적 모형은 의사의 후견주의적(paternalistic) 장악을, 정보적 모형은 시장에서 환자의 자유 결정을 가리키지요. 해설적 모형이란 당면한 의료적 상황에서 어찌할 바를 모르고 있는 환자에게 의사가 가치문제에 있어 상담가 역할을 하여, 환자가 자신을 이해하고 그에 바탕을 두어 결정을 내릴 수 있도록 해야 한다는 것을 의미합니다. 한편 숙고적 모형이란 환자가 이미 가지고 있는 가치에 관해 의사가 의학적 정보와 가치를 가지고 환자와 함께 숙고, 환자를 설득하여 최종적으로 모두에게 이득이 되는 결정에 도달해야 한다는 주장을 가리킨 것이었어요.

훌륭한 정리였고 이는 이후 환자-의료인 관계를 설명하는 데 있어 기초가 되지만, 아쉬운 것은 그가 환자와 의료인을 대결 관계로 설정했다는 겁니다. 물론, 현실에서 환자와 의료인이 대립할 일이 많지요. 서로 다른 세계에서 온 두 사람이 서로 이해하고 돕는 것보다 일단 부딪히리라고 생각하는 건 당연한 일일지도 모르겠습니다. 하지만 이 관계 설정은 이후 논의가 나아가는 방향을 설정했고, 간극은 좁혀지질 않습니다. 예컨대, 이

---

4 Emanuel EJ, Emanuel LL, Four Models of the Physician-Patient Relationship, JAMA, 267, no. 16, (1992), 2221–2226.

매뉴얼이 하나의 해결책으로 제시한 숙고적 모형은 환자와 의사가 친구 관계처럼 지내는 것을 하지만 이 친구 관계는 우리가 일상에서 경험하는 친밀한 관계와는 달리, 의사 결정에 도달함에 있어 서로 주도권을 잡으려고 노력하는 두 사람의 관계입니다. 물론, 스승–제자의 지배 관계나 판매자–구매자의 시장 계약 관계, 또는 정보 제공자–결정자의 깔끔하고 차가운 해설 관계보단 나을 지도 모르겠습니다.

이에 대해 의료인문학자 캐서린 몽고메리는 친구가 의료윤리적 목표가 되기는 어려운데 그것이 의료인의 감정 노동을 가중할 것이기 때문이라고 말합니다.[5] 오히려 친구가 종종 결여하게 되는 둘 사이의 거리는 의료인에게 필수적이라고 몽고메리는 말하지요. 그가 환자–의료인이 친구가 되는 것 대신 제시하는 건 이웃 관계예요. 시인 로버트 프로스트의 "적절한 담이 좋은 이웃을 만든다"라는 표현을 인용하며 그는 이웃을 신약성경의 사마리아인 비유로 연결합니다. "이 세 사람 중에 누가 강도 만난 자의 이웃이 되겠느냐."[6] 그는 "좋은 임상이란 환자로부터 초연함도, 환자를 친구 삼음도 아니라 주의와 존중으로 반응하는 관계에서 나온다"라고 주장합니다.

이것이 환자–의료인 관계에서 적절한 모형일 수 있다고는 생각하지만, 의료윤리적 관점에서 봤을 때는 문제가 있습니다. 의료인은 환자에게 전문가적 책임을 지지요. 친구는 비록 그것이 감정적인 요인일지언정, 서로에게 책임을 말하는 것이 이상한 관계는 아닙니다. 하지만 이웃도 서로에게 책임이 있을까요? 물론 성경에 나오는 사마리아인은 모르는 타인을 대

---

5 Montgomery K., 12, A Medicine of Neighbors, *in* How Doctors Think_. (New York: Oxford University Press, 2006).

6 개역개정 누가복음 10장 36절.

상으로 자신의 시민적(물론 이 표현은 신약성경의 시대적 배경과는 어울리지 않습니다만, 사마리아인의 행동이 당시 종교적 가치에 비춰 이해되었다면 지금은 사회적 가치에 따라서 이해해야 할 테니까요) 의무를 이행한 사람이긴 합니다. 그러나 그가 지나가던 길에 만난 강도 당한 자를 구하지 않았다고 해서 그에게 의무 불이행의 책임을 물을 수 있을까요? 몽고메리의 이웃 모형은 의료윤리적 책임을 환자-의료인 관계에서 배제하는 결과를 가져옵니다. 그리고 이 모든 논의의 출발점은, 환자와 의료인이 서로 다투는 관계라는 문제 설정에 있습니다. 이웃, 즉 지리적 근접성에 기초하여 잘 알지 못하는 타인에게 친절해야 할 것은 그가 경쟁 상대, 또는 나의 이익을 해할 수도 있는 사람이라는 인식에 기초하고 있기 때문입니다. 그런 사람에겐 적절한 거리를 유지해야 할 필요가 있지요.

하지만 환자-의료인 관계는 사회적 규정 이전에 몸에 의해 형성되는 관계입니다. 환자는 자신의 아픔을 가지고 병원에 오고, 의료인은 그의 질환을 통해 환자에게 다가갑니다. 환자는 고난 중에 자신을 위로하는 존재를 기대하며, 의료인은 비록 충실하지 못할지언정 그에 응답할 의무를 지지요. 그 관계는 몸의 친밀함에서 나올 거예요. 침대에 누워 있는 환자에게 건네는 따스한 손길에서, 고된 일에 지쳐 있는 의료인에게 던지는 친근한 말 한마디에서 서로는 위로를 받고 질환의 격랑을 함께 헤쳐 나아가는 존재로 상대방을 인식하게 되는 것 아닐까요? 몸에서 나오는 관계성, 그것이 환자-의료인 관계의 모체이며 다른 상황에서 맺는 인간관계와는 다른 특별함을 여기에 선사합니다.

위로의 따스함에서 비롯하는 환자-의료인 관계, 이를 저는 상처 입은 자들의 관계라고 부르곤 합니다. 환자는 질병 때문에 거주하던 생활세계(Lebenswelt, 현상학적 개념으로 과학적 인식의 대상으로서의 세계와 달리 주체에게 미리 주어져 있는 감각적 경험의 세계를 가리킵니다)에서 소외당하여 질환의 세계에 머물지요. 그는 질환으로 인해 상처 입은 자입니다. 이 질환을 늘 상대하면서 살아가는 의료인은 마치 외교관처럼 이중적인 정체성 속에 살아갑니다. 한쪽에는 자신의 세계가, 다른 쪽에는 질병의 세계가 있지요. 그런 의료인에게 삶이란 언제나 어느 한 부분 무너져 있는 곳으로 다가오기 마련입니다. 그가 마음을 굳게 먹고 안전하고 완전한 세계를 믿을 때조차도, 병원에서 마주하는 고통과 죽음이라는 실재가 그를 환상에서 내쫓기 마련이죠. 이런 의료인 또한 질환-그것이 비록 자신의 것은 아니라 해도-에 의해 상처 입은 자이지요.

의과학은 통제의 환상을 심어줍니다. 의료인은 질병의 모든 것을 설명할 수 있고 결과도 마음대로 할 수 있다는 환상에, 환자는 그런 의과학의 이론을 따르면 자신도 이런 혼란스러운 상황에서 벗어날 수 있다는 소망에 의과학의 확실성을 꼭 붙들게 됩니다. 하지만 우리 모두 알고 있습니다. 의학은 확실하지 않다는 것을. 이를 얼마만큼 받아들일 수 있는가를 의학교육에선 '불확실성에 대한 허용(tolerance to uncertainty)'이라고 부르곤 합니다. 학생들은 학교에서 의과학이 확실한 것이라고 배우고 나가는데, 막상 마주한 의료의 현실이 불확실하니 이를 견디기 어려워한다, 따라서 학생들에게 불확실성을 견딜 힘을 부여해야 한다면서요.

하지만 그런 논의는 뒤집혀 있지요. 오히려, 의학의 불확실성이 출발점입니다. 불확실한 의학 전체에서 우리는 아주 조그마한 영역에서 확실한 부분을 사로잡고 있다고 믿고 있지요. 그 결과는 커 보이기도 해요. 20세기 항생제와 21세기 면역항암제의 기적이 우리에게 보여주고 있는 바를 생각한다면요. 그러나, 환자를 돌보는 데에 있어 얼마나 많은 영역이 결정되지 않은 상태로 남아 있는지요. 심지어 확률마저도 신뢰하기 어려운 혼란의 도가니처럼 느껴질 때는 또 얼마나 많은지요. 오히려, 우리는 불확실한 현실 앞에서 서로를 붙들 방법을 생각해야 하는 건 아닐까요? 저는 이것을 '혼란 속에서 서로 붙들기'라고 부릅니다. 환자와 의료인, 서로 버팀목이 될 수 있기를 바라면서요.

III. 무너진 세상을 다시 세우기

3년 만에 책을 다시 읽으면서, 그 사이 제 생각이 많이 바뀌었음을 깨달을 수 있었어요. 지난번엔 크게 다가오지 않던 내용 때문에 이번엔 울컥했거든요. 예를 들면,

> 그때 다시 에마의 목소리가 들렸다. '당신에게 가장 중요한 게 뭔지 찾아내야 해요.'
> 신경외과의를 겸한 신경과학자로 가장 높이 날아오르려던 욕심을 버린다면, 이제 내가 원하는 건 뭘까?
> 아버지가 되는 것?
> 신경외과의가 되는 것?
> 후학을 가르치는 것?
> 도무지 알 수가 없었다. 하지만 내가 바라는 게 뭔지는 몰라도, 나는 히포크라테스나 마이모니데스, 오슬러도 가르쳐주지 않은 뭔가를 배웠다. 의사의 의무는 죽음을 늦추거나 환자에게 예전의 삶을 돌려주는 것이 아니라, 삶이 무너져버린 환자와 그 가족을 가슴에 품고 그들이 다시 일어나 자신들이 처한 실존적 상황을 마

주보고 이해할 수 있을 때까지 돕는 것이다.[7]

암은 폴 앞에 있던 모든 것을 송두리째 빼앗아 갑니다. 그는 대학에 남아 의사이자 과학자로서 역할을 하는 꿈을 꾸었습니다. 신경외과 전공의로서 비록 힘들지만 보람찬 미래가 기다리고 있었겠지요. 그는 중간에 의사로서 20년, 작가로서 20년을 계획했다고 적고 있는데 그의 역량을 보면 충분히 가능한 일이었을 거로 짐작되지요. 하지만 암이 발병하면서 그는 그저 환자로, 모든 가능성을 말살당하고 거대한 파도 앞에서 어떻게 움직여야 할지 모르는 자로 남게 됩니다.

부끄럽지만, 2016년의 저는 이 말을 이해하지 못했습니다. 나중에 놓인 가능성이 사라진다는 것, 미래에 다가오리라 짐작했던 어떤 것과 갑자기 연결이 끊어진다는 것이 무슨 뜻인지 알지 못했던 거지요. 우린 미래가 다가오고 있다는 것을 당연하게 받아들입니다. 노년의 때라면 그렇지 않겠지만, 적어도 청장년기에 이후 시간이 얼마나 남아 있는지를 고려하여 미래 계획을 세우지는 않지요. 앞으로 많은 시간이 남아 있는 것은 당연한 일이라고 생각하고 챙겨야 할 것들을 뒤로 미루며 꿈을 향해 달려가는 일을 많은 사람은 권합니다. 그때엔 그래야 하는 거라고들 말하지요. 하지만 정말 그렇습니까? 우리에겐 이 모든 것을 처리하기 위한 무한정의 시간이 남아 있나요?

저는 치과의사였습니다. 진료를 잘한다고 말하긴 어려웠지만, 빨리 진료를 하는 데에는 나름대로 일가견이 있었어요. 더구나 전공은 소아치과,

---

7 폴 칼라니티/이종인 역, 숨결이 바람 될 때 [전자매체본], (서울:흐름출판, 2016), 2부 죽음이 올 때까지 멈추지 마라.

아이들을 치료하는 분야였습니다. 여기에서 속도는 여러 가지를 상징하지요. 아이들의 공포와 부모님의 걱정을 줄이는 최고의 수단이자, 병원 수입에 이바지하는 방안이니까요. 저를 비롯해 모두가 앞에 놓인 길을 그리고 있었어요. 아마 개원할 것이고, 지역사회에서 충분한 구실을 할 것이고 등등. 그러나, 일이 그렇게 돌아가지는 않았습니다.

미래에 대해 걱정하고 고민하게 만든 것은 두 가지였어요. 하나는 몸, 또 하나는 다른 사람들입니다. 무슨 의미냐고요? 구체적으로 설명이 필요하겠지요. 먼저, 수련을 마치던 즈음부터 어깨가 아프기 시작했습니다. 그냥 운동을 잘못해서 그런가 싶었던 통증은 점차 심해졌고, 정형외과에서 검사를 받았지만, 직업적으로 나타날 수 있는 근골격계 통증이라는 이야기만 들을 뿐이었어요. 해결책이 없었죠. 물론 그깟 통증 참으면 되지 않으냐고 말씀하실 거예요. 저도 그렇게 지내고 있긴 합니다. 하지만 통증이 심해지는 순간, 아파서 밤에 깨어나는 순간에는 생각할 수밖에 없었어요. 아, 이걸 계속할 수 있을까.

이와는 별개로 의학에 관해 점점 궁금함이 커지던 터라, 의료인문학 공부를 시작했습니다. 의학 자체가 무엇인지 살펴보고 싶었고, 그 안에서 작동하는 가치의 문제를 생각해 보길 원했습니다. 의료인과 환자는 의학적 의사 결정 과정에서 분명 과학적 정보 외에 다른 것을 참조하는데, 그냥 그것을 외적 요인이라고 없는 것으로 하지 않는 방법이 있을까. 의료체계는 의학이 돌아가는 방식과는 또 다른데, 그것은 무엇을 중심으로 돌아가는 걸까. 환자는 의료인에게, 의료인은 환자에게 좋은 사람이 될 수 있을까. 무엇보다, 의료인으로서 살아간다는 것은 무엇을 의미하는 걸까. 계속 의료인으로 남아 있기 위해선 이런 질문에 답을 찾아야 했어요. 그래서 시작했던 박사과정이었지만, 그 과정은 만만치 않았습니다. 평생 치의

과학만, 그것도 대충 공부해오던 제가 철학에 다가간다는 것이 어쩌면 가당치 않은 일이었는지도 모르겠어요. 계속 구애를 거절당하는 청혼자처럼 무턱대고 들이밀었죠. 무슨 소리인지 모르면서 책장을 넘기고, 다른 사람에게 생각한 걸 설명하려 해도 내 언어가 조직되지 않는 상황.

그만큼 시간이 필요했어요. 따라가기 위해서, 정리하기 위해서. 누구도 설명해주지 않는 내용을 울면서 파고들어야 했고, 이방인 취급을 받는 상황에서 어떻게든 내가 거주할 수 있는 공간을 만들어야 했습니다. 누구도 하지 않았고 거의 아무도 관심을 보이지 않는 분야를 더듬어 가는 일. 여러 조력을 받을 수 있었지만, 그 걸음은 온전히 제 몫이었어요. 더 큰 문제는 이러다 보니, 가족과 친구를 돌볼 여력이 없었습니다. 태어난 아이와 몸을 추스리는 것도 버거워하는 아내를 돌보지 못했고, 안 그래도 좁던 대인관계는 모두 사라졌어요. 그렇게 혼란스러운 시간을 보내던 와중 떠밀리듯 미국에 다녀오게 되었습니다. 미국에서 학업을 이어가면서 남는 시간에 글이라도 남겨야겠다라는 생각에서 시작한 칼럼 연재는 나름대로 성과가 있었어요. 책도 내게 되었고, 나름 인정받는구나 하는 생각에 기뻤죠. 하지만 그건 잠깐의 착각이었음을 깨닫는 데는 그리 긴 시간이 필요하진 않았어요.

주변을 챙기지 않은 것은 그만큼의 후폭풍으로 돌아왔어요. 귀국 후 박사 논문을 마무리한다, 구직한다고 하면서 강사 생활을 이어가고 아이를 돌보는데 시간을 들인다 해서 그것을 보상할 수는 없었죠. 더구나, 선택이라고 말했지만 그것이 무엇을 선택한 것인지 알 수 없는 상황이 저를 엄청난 불안에 빠뜨렸어요. 당최 한국에 치과에서 의료윤리를 가르치는 자리가 있는 것도 아닌데, 나중에 필요할 거라는 생각만으로 매달리는 게 무슨 소용이 있는걸까 하는 생각을 계속 할 수밖에 없었죠. 더구나 글은 언제나 쓰는 사람을 슬프게 만들어요. 자식을 떠나보내는 슬픔, 그 글이 어떤 대접을 받고 읽힐지 알 수 없다는 아픔에 더하여 사람들이 별로 관심도 없는 주제에 관해 떠드는 것이 무슨 소용이 있나, 라는 자괴감에 빠지게 만들죠. 프랑스의 대 소설가 플로베르는 다른 사람에게 글을 보이는 것을 언제나 무서워하면서, 자신의 글이 부족함에 대해 한탄했다 하죠. 그 기분을 계속 느끼는 일은 고되고, 서글픈 일입니다.

이 시간을 다 보내고 난 지금, 폴이 암을 마주하고 드는 생각을 읽을 때 그가 느낀 기분을 이해할 수 있었어요. 자신의 직업적 전망이 허물어지는 기분, 아무리 내달려도 앞이 보이지 않는 기분. 무엇보다, 어떤 미래가 다가올지 도무지 알 수 없으며 심지어 그런 게 있긴 한 건지 반문해야 하는 상태. 위 인용 부분에서 폴이 '아버지', '신경외과의', '후학' 모두에 물음표를 치고 있는 것은 그가 미래에 대해 어떤 것도 그릴 수 없음을 의미하지요. 미래를 상실한 상태, 그것이 "삶이 무너져버린" 환자에게 주어진 현실 인식일 거예요.

의료인문학을 한다 그러면 사람들은 흔히 환자 상담해주는 거냐는 식의 반응을 보입니다. 환자와 의료인의 경험을 연구한다고 하면 다큐멘터리 찍는 거냐고 반문하지요. 얼핏 보기엔 그렇게 보일지도 모르겠어요. 하지만, 의료인문학이란 의학이 우리 삶에서 어떤 역할을 해야 하는지 궁구하는 학문입니다. 의료인은 기능적 역할을 하는 것만으로 그 전문가적 책임이 끝나지 않습니다.

손의 뛰어남이나 빠른 상황 판단은 예후를 개선하고 환자에게 좀 더 나은 치료 결과를 제공할 수 있을 거예요. 어떤 경우엔 그 약간의 차이가 생명을 살리고 죽이는 데까지 이어지겠지요. 하지만 의료인에게 먼저 부여된 책무는 돕는 거예요. 삶이 무너져버린 환자와 가족을 돕는 일. 질병을 치료해줄 수 있으면 좋지요. 모두가 그러길 바라고요. 하지만 그럴 수 없을 때도 있어요. 장애나 만성 질환처럼 치료할 수 없을 때도 있지요. 그럴 때 의료인은 내가 치료해줄 수 없으니 다른 사람을 찾아가 보라는 말을 던지면 안 됩니다. 그건 의료인의 책임을 내던지는 일이기 때문이죠. 물론 해줄 수 없는 일에 관해 마구 공수표를 날려서도 안 될거예요. 의료인은 그런 상황에서 환자와 가족이 다시 세상에서 자리를 찾을 수 있도록 기다려줘야 합니다. 그건 의료인이 만들어줄 수 있는 것은 아니지요. 도움의 손길을 내밀 수는 있겠지만요. 그들의 무너진 세상을 다시 세우는 일. 그를 통해, 지쳐 있는 의료인 자신 또한 회복되는 일. 그것이 진정한 환자-의료인 관계일 거예요.

IV. 의료인, 다시 상처 입은 치유자가 되어

자기 자리가 하나씩 사라져 가는 것을 바라보는 와중, 폴은 형이상학에 관해, 신에 관해 생각합니다. 종교를 과학이 대체했지만 과학은 의미에 관해 알려주는 것이 없으며, 결국 회의주의에 빠져들 수밖에 없다는 것이죠. 자신 또한 과학과 이성을 좇으며 집안의 기독교 신앙을 받아들이지 않았지만, 회의주의를 마주하면서 생각을 바꿉니다. "과학을 형이상학의 결정권자로 보면 세상에서 신뿐만 아니라 사랑, 증오, 의미도 함께 사라져 버리고, 이런 의미가 모두 사라진 세상은 결코 우리가 사는 이 세상이라 할 수 없다."[8]

---

8 앞의 책.

20세기는 과학과 이성이 모든 것을 지배한 시대였으나, 또한 그 한계를 목도한 시기이기도 했습니다. 중요한 것은, 이성을 옹호하는 입장이나 비판하는 입장 모두 그 한계 앞에서 맴돌고 있었어요. 18세기 계몽주의 노선을 이어받은 모더니즘이나, 세계대전 이후 이성, 과학, 기술이 오히려 인간에게 주박을 걸었다며 비판을 가한 포스트모더니즘 모두 인간의 시야에 관한 이야기였습니다. 신과 인간, 과학과 윤리를 둘로 나눈 칸트의 생각을 이어받은 모더니즘은 과학이 모든 것을 알 수 있다고 믿으며 전진했고, 여전히 다른 생각은 상대주의와 회의주의에 빠져 갈 길을 어지럽힐 거라고 주장합니다. 한편, 포스트모더니즘은 이런 모더니즘을 비판하며 인간은 인간의 인식에 갇혀 있으므로 진리(또는 절대적 실재, 칸트의 용어로 물자체)를 알 수 없고, 따라서 인간이 발전이라고 여긴 것은 모두 허사로 돌아가고 있음을 우리가 봐오고 있다고 주장하지요. 두 견해는 서로를 물어뜯느라 여전히 여념이 없습니다. 폴의 글에서도 비슷한 생각이 나타나지요. 예컨대, 그는 과학은 실존을 파악할 수 없으며 종교는 계시의 영역에 그칠 뿐이라고 말합니다. 자신은 과학이 답을 줄 수 없는 문제에 있어 종교를 받아들이지만, 그렇다고 종교를 통해 진리에 도달할 수는 없으리라는 것을 인지하고 있다고. 저는, 이 상황이 우리 세대에 던져진 과제라고 생각합니다. 두 견해는 어떻게 화해할 수 있을까요? 모더니즘과 포스트모더니즘 사이에서 새로운 길을 낼 수 있을까요? 저는 그 방법이 '인간의 시야'에 있다고 생각합니다. 모더니즘은 신과 인간을 나누며 인간을 만물의 영장으로 세웠고, 포스트모더니즘은 이를 부정했지만 그 부정의 중심에는 인간의 시야에 담긴 것만 받아들이겠다는 인간 중심적 사고가 확고히 서 있습니다. 그렇다면, 모든 것을 다 명료하게 파악할 수 있는 인간과 자신이 사는 세계 안만 볼 수 있는 인간 외에 어떤 시야의 모형을 찾아볼 수 있을까요. 죽음을 앞둔 폴의 글–그에게 시간이 얼마 남지 않아 다 퇴고할 수 없었을, 그리하여 서로 상충하는 견해가 담겨 있는 글–에서 그런 시야를 찾아볼 수 있었습니다.

> 나는 화나지도 겁먹지도 않았다. 정말로 그랬다. 그것은 태양과 지구 사이의 거리처럼, 객관적 사실이었다. 나는 차를 몰고 집으로 가서 루시에게 새로운 상황을 알려주었다. 목요일 밤이었고, 월요일까지는 에마를 못 볼 테지만, 우리는 거실에 앉아 노트북을 켜놓고 생체 검사, 실험, 화학 요법 등 다음 단계를 계획했다. 앞으로 받게 될 치료는 더 힘들 것이고, 오래 살 가능성은 더 희박해졌다. 문득 엘리엇의 『황무지』가 생각났다. "하지만 등 뒤에서 찬바람이 몰아치는 중에도 나는 듣는다 / 뼈들이 덜거덕거리고, 입이 귀에 걸리도록 활짝 웃는 소리를." 신경외과 근무는 몇 주 혹은 몇 달, 어쩌면 평생 못할 수도 있다. 하지만 우리는 확실한 사실을 알 수 있는 월요일까지 기다리기로 했다. 오늘은 목요일이었고, 이미 내일 수술 일정까지 잡혀 있었다. 레지던트로서 마지막 날을 그렇게 보낼 계획이었다.[9]

폴은 처음 사용했던 항암제가 효과를 나타냄을 보고, 몸을 추슬러 다시 레지던트 생활로 돌아갑니다. 항암제는 계속 종양의 크기를 줄이고 다른 조직으로의 전이를 막고 있을 터였지요. CT 촬영은 계속 그런 생각을 뒷받침해줍니다. 원발 종양은 크기가 작아졌고 다른 곳에서 별 이상을 찾아볼 수 없었지요. 그는 처음 암 환자로서 너무 무리하지 않을 계획이었지만, 차츰 암을 이겨낼 수 있다고 생각하자 다가올 미래를 계획하면서 다시 업무 강도를 올리기 시작합니다. 오랜 고민 끝에 두 사람은 아이를 갖기로

9 앞의 책.

결정, 루시가 임신한 상태였기에 혹시 자신이 완치될 수 있다면 가족을 위해 직업적 전망을 열어두기로 한 것이죠. 하지만, 그는 레지던트 기간이 끝날 무렵 촬영한 CT에서 새로운 종양을 봅니다. 이미 예전 촬영 결과에도 희미하게 나타나 있었지만, 그동안 알아보지 못했던 것은 희망 때문이었을까요. 그는 새로운 종양의 표시를 보며 인용한 부분처럼 T. S. 엘리엇의 『황무지』를 생각합니다.

'4월은 잔인한 달'이라는 시구로 유명한 엘리엇의 『황무지』는 유럽 정신과 현대 문명을 황무지에 비유하며, 전후의 비참함을 시로 표현했습니다. 폴이 인용하고 있는 구절은 시의 3장, 「불의 설교」에서 나오는데 시인은 템스강에서 더는 찾아볼 수 없는 청년들의 추억을 상기하며 울고 있습니다. 아무도 없는 템스강에서 시인은 바람 속 소리, 죽음이 삶을 비웃는 소리를 듣지요. 이어 시는 구원을 찾는 행위마저 세속화되어버린 세계를 "허망한 도시"라고 부르며 그 안에서 비틀거립니다.

템스강에서 부르는 시인의 애가(哀歌)와 죽음의 노래는 겹쳐 울립니다. 그것은 애도이자 조소이죠. 그 노래는 죽음의 스산함 위에 떠나간 사람에 대한 그리움을 올려놓습니다. 그것은 『황무지』 전체에서 발견되는 이미지의 중첩(juxtaposition)이자,[10] 삶을 담은 기억과 삶을 부정하는 죽음이 겹치는 장소입니다. 즐거움과 기쁨이 가득하던 템스강에선 죽음의 조소를 들을 수 없습니다. 죽음이 들릴 때는 이미 스러져 간 과거를 추억할 때입니다. 하지만, 그 순간, 죽음과 삶이 겹치는 찰나가 진리가 모습을 살짝 드러내는 순간은 아닌지요. 하이데거가 말한 죽음을 마주한 자의 본래성에 입각한 사유가 아닌, 필멸자이지만 그 한계를 넘을 수 있는 자로서의 사

---

10 이정호, 황무지 새로 읽기, (서울: 서울대학교 출판부, 2002), 29~32.

유. 죽음, 모든 것을 무로 돌리는 엄격함 앞에서 무상한 삶이지만 다시금 꽃피울 수 있음을 아는 자의 소망. 『황무지』의 시작이 죽은 땅에서 라일락을 키워 내고자 함이라면, 「불의 설교」가 부처의 설교와 성 오거스틴의 『고백록』으로 끝나며 "오 주여 당신이 나를 건지시나이다"라고 고백하기 위함이라면,[11] 그것은 우리에게 명확한 한계가 있음을 앎에도 언젠가는 다시 따뜻한 바람이 불어올 것을 기다리는 자의 고백이겠지요. 그 시야는 인간의 시야를 약간 벗어납니다. 과학의 절대적 객관성도, 상대주의의 초-주관성도 아닌 중간의 시야. 인간으로서는 도저히 알 수 없는 미래지만, 그 미래가 도래할 것을 기다리는 메시아적인 것(messianique)에 대한 사유겠지요.[12]

그렇다면 이렇게 말할 수 있겠지요. 질환이란 겪지 않았으면 하는 끔찍한 것일 테지만, 걸린 자에게 질환은 말을 건다고요. 그 목소리가 환자 자신의 고통 때문에 번역되지 않을 때, 그 고통을 덜어주어 함께 귀를 기울일 수 있도록 하는 것이 의료인의 영적-종교적-책무일 겁니다. 그때 환자-의료인 관계는 단지 서로의 고통을 견디는 조력의 차원을 넘어, 서로의 영혼을 밝히는 작은 촛불이 될 수 있을 겁니다. 헨리 나우웬이 칼 융의 개념을 빌려 사역자를 '상처 입은 치유자'라고 불렀을 때, 그것은 종교인을 설명한 말이었죠. 하지만 저는 그 표현이-융에서 나우웬을 거쳐 다시-의료인을 설명한 말이라고 생각합니다. 왜냐하면, 의료인의 역할이 상처 치료로 끝나지 않는다고 생각하기 때문이죠. "진정한 순교란 우는 사람들과 함께 울고 웃는 사람들과 함께 웃는 것에서부터 시작하며, 고통

---

11 T. S. 엘리엇/황동규 역, 황무지, (서울: 민음사, 2004), 98.

12 자크 데리다/진태원 역, 법의 힘, (서울: 문학과 지성사, 2004), 188-190

스럽거나 즐거운 자신의 경험들을 다른 사람들이 마음껏 이용할 수 있도록 하여 그들이 스스로의 상태를 분명히 인식하고 이해할 수 있도록 돕는 것입니다."[13] 돕는 자로서 의료인의 정체성은 함께 함에서 출발하며, 자신의 고통과 기쁨을 나눌 수 있는 능력에서 나올 것입니다. 그것은 환자 각 사람이 마주하고 있는 자신의 의미를 깨닫는 데 쓰일 수 있지요. 그렇게, 환자–의료인 관계는 의료적 책무를 넘어 각 사람의 평안을 향해 갑니다.

V. 나가며

폴은 문학이 질환 앞에서 어떤 역할을 할 수 있는지 적고 있어요. "'나는 계속 나아갈 수 없어.'라고 생각하는 순간, 그에 대한 응답이 떠올랐다. 그건 내가 오래전 학부 시절 배웠던 사뮈엘 베케트의 구절이기도 했다. '그래도 계속 나아갈 거야.' 나는 침대에서 나와 한 걸음 앞으로 내딛고는 그 구절을 몇 번이고 반복했다. '나는 계속 나아갈 수 없어. 그래도 계속 나아갈 거야.'"[14] 누군가가 쓴 글을 통해 의료윤리와 의료인문학을 가볍게 살펴보는 이 글이, 독자 여러분께 어떤 의미로 다가올지 헤아려보기 어렵습니다. 글은 어느 순간 허공답보로 나아가야 하는데, 지금이 바로 그 순간이겠죠. 이게 무슨 의미가 있을까. 나는 계속할 수 있을까. 하지만 베케트가, 폴이 말하고 있는 바를 저 또한 되뇌어 봅니다. 그래도 계속 나아갈

13 헨리 나우웬/최원준 역, 상처입은 치유자 (서울: 두란노, 2011), 100–101.

14 폴 칼라니티, 앞의 책

거야. 어디로 갈 수 있으며 가게 될지 알 수 없기에 두려운 걸음이지만 나아갈 겁니다.

저는 두려워하는 두 가지 상황이 있습니다. 의료인의 역할이 소위 알고리즘으로 축소되는 것, 의료인이 되는 것이 너무나 큰 부담을 개인에게 가하는 것인데요. 둘 다 교육의 문제일 수 있죠. 학생들에게 이렇게 해야만 한다고 강요하는 의학 교육의 방식, 성과를 위해 더 많은 시간 투자를 요구하는 학교의 제도. 하지만 학교에서만 벌어지고 있는 일이 아님을 잘 알고 계실 거예요. 최근 상투적으로 언론과 서적에 등장하는, 의료인이 인공지능으로 대체될 수 있다는 주장은 의료인의 역할이 규칙의 집합으로 규정될 수 있다는 주장의 귀결이었죠. 현실에서 의료인이 제도와 권력 아래서 받는 고통은 점차 누적되어 가고 있습니다. 언제까지 지속할 수 있을까를 고민하게 되는 시점이지요.

여기에서 앞서 살펴본 환자-의료인 관계를 꺼내 들 수 있다고 생각해요. 서로에게 버팀목이 될 수 있는 두 상처 입은 존재. 의료인은 자신의 의학적 지식 없이 그런 역할을 해낼 수 없으니, 그건 종교인으로 충분하지 않냐는 반박은 사태를 제대로 파악하지 못한 것이죠. 의학의 기본은 결국 이 두 사람이 어떻게 그리고, 그 만남은 의학에 영적 차원이 깔려 있음을 알려주지요. 환자-의료인의 만남이란, 단순히 생물학적 차원이나 사회적 구조로 환원될 수 없습니다. 그 만남은 상대방의 실존적 고통에 손 내민 자가 같이 고통받을 때에만, 진정한 치유로 나아갈 수 있습니다. 그렇기에 예수님의 사역을 모본으로 삼을 수 있겠지요. 그렇다면, 이 만남을 소중한 것으로 지켜나가는 것이, 의료인과 환자가 서로를 통해 위로받고 위로하며, 서로를 돕는 방법이 될 거라고 믿어요.

환자 고객 데이터

- 목적에서 수단으로

남형두

I. 환자

나의 환자의 건강과 생명을 첫째로 생각하겠노라[1]

1. "의사"란 말의 뜻에서 본 직업의 숭고함

우리말 중에는 동어반복이 더러 있다. 일종의 언어습관이 고착된 것으로서 틀린 용례라고 치부하기에는 부족한, 일상에서 관행적으로 쓰는 용어가 있다.[2] 의사(醫師)라는 말 뒤에 선생님을 붙이는 것도 그중 하나라 할 수 있다. 같은 전문직이라 할 수 있는 판사, 검사, 변호사 뒤에 선생님을 붙이지 않는 것과 비교하면 호칭으로서 "의사선생님"은 우리의 인식 속에 있는 의사와 환자 관계를 고스란히 보여주는 중요한 언어 단서라고 할 수 있다.

그런데 더 나아가 판검사, 변호사와 의사의 "사"자는 각기 한자가 다르

---

* 이 글은 필자가 연세대학교 연세의료원 생명윤리포럼 위원으로서 발표한 두 번의 발표물, "환자인가, 고객인가? – 법적 관점에서 본 의사와 환자 관계" (2017.4.13.)와 "건강정보의 빅데이터화 관련 개인정보/프라이버시 침해 문제" (2018.10.11.)를 기초로 논문 형식으로 발전시킨 것이다. 생명윤리포럼에 참여하여 같이 공부했던 포럼 위원들 외에 문지식 목사님(안산 신실한교회)께 진심으로 감사를 드린다. 논문에 오류가 있다면 이는 전적으로 저자의 몫이다.

1 히포크라테스 선서 중에서.

2 고개를 뜻하는 순수한 우리말인 "치", "티", "재", 그리고 한자 "현(峴)", "령(嶺)"에 이어 "고개"를 붙인다거나(또는 한자 "령" 다음에 "치"를 붙이기도 함), 다리를 뜻하는 한자 "교(橋)"에 이어 "다리"를 붙이고, 앞 "전(前)"에 이어 "앞"을 붙이기도 하며, 강을 뜻하는 우리말 "내", 한자 "천(川)" 다음에 "강"을 붙이는 것을 들 수 있다.

다. 공직인 판사나 검사의 경우 "일 또는 섬길 사(事)"를 쓰고 변호사의 경우 "선비 사(士)"를 쓰는 것과 달리 의사의 경우 "스승 사(師)"를 쓰는 것이 매우 이색적이다. 한편, 같은 "스승 사"를 쓰는 목사(牧師)의 경우 "목사님"이라고 부를지언정 "목사선생님"이라고 부르지 않는다. 의사가 박사 또는 교수 타이틀을 갖고 있는 경우, 개인 이름 뒤에 "박사(님)" 또는 "교수(님)"이라고 부르기도 하지만, 이는 동료 또는 선후배 사이에서 쓰는 호칭일 뿐 환자가 의사에게 일반적으로 쓰는 용례는 아니다.

시대에 따른 직업과 언어습관의 변화에도 불구하고 의사를 의사선생님이라고 부르는 일반의 의식에는 환자의 생명을 다루는 의사라는 직에 경외심이 자리하고 있다고 할 수 있다.

2. 환자 또는 보호자로서의 개인적 경험 몇 가지

지극히 개인적 경험 두 가지를 소개한다. 때로는 추상적/일반적 이야기보다는 구체적/개인적 경험에서 비롯된 이야기가 더욱 설득력을 가질 수 있다. 이 글을 읽는 독자들은 각자 자신의 경험이 생각날 수도 있다.

에피소드 1: 환자로서의 경험

최근 필자는 국내 굴지의 종합병원에서 의료계의 현실을 보는 씁쓸한 경험을 했다. 지금으로부터 40여 년 전인 고등학교 때 발목을 접질린 이후 지속적으로 삐는 일이 발생했는데, 수개월 전부터 일상생활에 불편을 초래할 정도로 발목 통증이 심해져 이 병원 정형외과를 찾았다. 물론 오래 전에 예약을 했음은 말할 것도 없다. 정형외과 중에서도 발목 부분을 전문으로 하는 의사선생님은 문진 후에 약을 처방했다. 일주일 정도 약을 먹으니 증상이 호전되었고 이후 약 복용을 중단하였다.

한편 위 발목 통증이 시작된 것과 비슷한 때부터 찾아온 어깨 통증으로 필자는 때로 숙면을 취하지 못할 정도가 되었다. 다시 위 정형외과(발목) 의사선생님한테 갔더니, 자신은 발목을 전문으로 하므로 어깨 부위를 보는 정형외과 교수를 소개(transfer)해주겠다고 했다. 이후 별도의 날에 찾아간 어깨를 보는 정형외과 의사선생님은 고가(90만원 상당)의 MRI 촬영을 해보라고 했다. 촬영 결과가 나온 후 다시 어깨 정형외과 의사선생님을 찾아갈 때까지 한 달 이상이 걸렸음은 물론이다. 어깨 정형외과 교수는 "회전근개 파열"이라고 하며 2년 내에 수술을 받아야 한다고 했다. 환자 입장에서는 통증의 원인을 찾았으니 차라리 다행이라는 생각이 들었다. 그런데 어깨 의사는 앞에 앉아 있는 젊은 의사(아마도 인턴 또는 레지던트가 아닐까 싶음)에게 어떤 약을 처방하라고 지시하였다. 그때 필자는 사실 발목 의사로부터 처방받은 약이 있다고 말했다. 그러자 젊은 의사는 비로소 컴퓨터에서 필자의 진료 이력을 찾아보더니 어깨 의사에게 필자는 알아들을 수 없는 말을 했다. 그 말을 들은 어깨 의사는 같은 약이니 따로 처방하지 말라고 하면서 발목 의사에게 처방받은 약을 먹으라고 했다. 여기까지 걸린 시간은 2분 남짓이었다.

진료실 문을 닫고 나와 생각해보니 참으로 황당하다는 생각이 들었다. 수개월 걸려 기다린 끝에 고가의 영상촬영(MRI)을 하고 그 결과와 향후 치료 방법에 대해 듣는 시간이 3분을 넘지 않았다는 것은 그렇다 칠 수 있다. 첨단 의공학 장비와 경험 많은 의사의 전문성은 의사와 환자의 대화 시간을 짧게 만들었기 때문이다. 문제는 처방과 관련된 것이었다. 만약 필자가 발목 정형외과에서 처방받았다는 사실을 말하지 않았다면, 어깨 정형외과 의사는 같은 성분의 약을 처방했을 것이라는 데 생각이 미치자 복도에 빼곡하게 들어찬 환자들이 가엽다는 생각이 들었다.

상급병원 제도를 만들어 환자들이 종합병원, 대학병원으로 직행하는 것을 막으려고 해도 환자들이 개인병원보다는 종합병원을 선호하는 것은 전문성 때문이기도 하지만, 종합성 때문이기도 하다. 그런데, 필자의 개인 경험에서처럼 제아무리 종합병원, 대학병원이라 해도 개별 전문 과목 의사들은 자기 앞에 온 환자의 당해 질환만을 살펴보고(진찰) 처방하는 경우가 있다. 같은 정형외과라 하더라도 목, 어깨, 허리, 수부(손), 무릎, 족부(발목)를 보는 세부 전공으로 나뉜다. 사고나 특별한 장애 때문이 아니라면, 환자 입장에서 어깨, 무릎, 발목 등에 문제가 발생하는 것은 노령화가 공통 원인일 가능성이 높다. 그런데 대규모 종합병원일수록, 전문화되어 있을수록 환자를 전체로 보지 않고 개별 과 별로, 그것도 부위 별로 접근하는 것이 보편적인 현상이다. 다른 과에서 어떤 약을 처방받고 있는지, 그래서 약들 간에 어떤 부작용은 생기지 않는지 하는 것은 환자와 보호자가 말하기 전에 고려되지 않는 경우도 있다. 필자의 경험은 그나마 같은 병원 내에서 있었던 일인데, 만약 병원이 달랐다면 일반적으로 5분을 넘기지 않는 종합병원 진료 현실에서 다른 병원의 진료 또는 처방 이력을 알아보는 것은 불가능에 가까운 일이었을 것이다. 심지어 엑스레이 등 영상 촬영 결과를 볼 때도 자신의 전문 분야에서 다루는 부분의 경계 바깥에 이상 징후가 있는 것으로 보여도 지나침으로써 큰 질환이 뒤늦게 발견되는 경우가 있다.

의료와 약의 발전으로 개별 전문 과목의 진료는 과거에 비해 훨씬 나아진 것은 분명하다. 그러나 환자 개인을 전체적으로 보면 과거에 비해 반드시 더 나아졌다고 할 수 있을지는 의문이다. 의사가 진찰하는 대상은 질병이 아니라 환자일 것이다. 그렇다면 질병이 있는 환자를 종합적으로 보는 것(holistic approach)이 필요하지 않을까 싶다.

에피소드 2: 보호자로서의 경험

지금으로부터 35년 전 우리나라에서 가장 들어가기 어렵다는 최고의 의과대학 부설 병원에서 있었던 일이다. 필자는 항암 치료를 받던 선친의 보호자로 항암제를 투여하는 과정을 지켜본 적이 있다. 당시는 점심시간 직후였는데, 인턴 또는 레지던트로 보이는 의사 서너 명이 함께 들어와 선친의 팔에 항암제가 들어 있는 링거 주사를 놓았다. 그런데 이미 여러 차례 항암제를 맞아왔던 선친의 팔다리에서 혈관을 찾기가 쉽지 않았던 모양이다. 그야말로 사지(四肢)에 굵은 주사바늘을 꽂았다가 뺐다가 하는 일을 반복했는데, 암환자라 하여 통증이 왜 없겠는가! 고통스러워하는 환자의 모습을 보는 보호자의 마음도 주사바늘로 쑤셔지는 것 같이 아팠다. 혈관을 찾으려 애쓰는 의사들(한 의사가 혈관을 찾지 못하자 곁에 있던 다른 의사가 이어서 시도하였음) 역시 힘든 것은 마찬가지였을 것이다. 그런데 문제는 이들이 혈관을 찾는 과정에서 검을 씹으면서 서로 농담을 하고 있었다는 것이었다. 당시 대학생이었던 필자는 이를 악물었다. 그 자리에서 항의하는 것은 환자에게 결코 도움이 되지 않는다는 것쯤은 알고 있었기 때문이다.

지금 생각해도 당돌하게 느껴질 수 있지만, 필자는 혈관을 찾아 주사액이 원활히 들어가는 것을 확인한 후 그들의 상급자인 교수(그는 후에 대통령 주치의가 되었던 유명한 내과 의사였다) 연구실로 찾아갔다. 그리고 젊은 의사들이 의과대학 실습 과정에서 인형한테 하듯 환자를 대하는 태도에 대해 항의했다. 이에 더해 마침 그 무렵 신문칼럼에서 읽었던 한 구절을 말했는데, 그 교수는 필자에게 정중히 사과하였다. 필자가 인용한 것은 이것이었다.

"일구(一口), 이족(二足), 삼약(三藥), 육기(六技)"

의술(醫術)에서 가장 중요한 것은 "말"이다. 의사의 말 한마디로 환자는 죽고 살기도 한다. 같은 내용이라도 환자에게 건네는 의사의 따뜻한 말 한마디가 환자의 투병에 큰 용기와 위로를 주어 환자를 살릴 수도 있다. 두 번째로 중요한 것은 "발"이다. 환자를 자주 찾아가 보라는 뜻이다. 세 번째는 "약"이다. 환자의 몸에 가해지는 본격적인 의료행위인 약처방이 첫째와 둘째가 아닌 셋째라는 것도 놀랍지만, 의술(의료기술)을 네 번째도, 다섯 번째도 아닌 여섯 번째라고 한 것은 경악스러울 정도다. 과거에도 의료에서 기술을 제일로 치는 경우가 있었던 모양이다. 그러니 이를 경계하는 뜻에서 "말"을 제일로 위치해 놓고 "기술"을 맨 마지막에, 그것도 모자라 4위와 5위를 결번으로 해놓으면서까지 마지막에 위치해 놓은 것이리라.

II. 고객

나의 의업의 고귀한 전통과 명예를 유지하겠노라[3]

1. 관점 차이

의료 현장에서는 각종 분쟁이 끊이지 않는다. 관계의 증가에 따른 갈등과 분쟁의 증가는 당연한 것이라 할 수 있다. 그런데 과거와 비교할 수 없을 정도로 획기적으로 발전된 의료 기술, 질병 치료에 대한 연구, 나아가 그로 힘입은 인간 수명의 지속적 연장과 건강 수명의 보장에도 불구하고 의사 및 병원과 환자의 갈등은 더욱 심화되고 있다. 이 현상을 어떻게 볼

3 히포크라테스 선서 중에서.

것인가?

의사들과 환자들은 여전히 히포크라테스 정신의 연장선에서 의료행위를 바라보기도 하고, 때로는 서비스 제공자와 소비자의 관점에서 의료행위와 서로의 관계를 파악하기도 한다. 서로 같은 관점에서 상대방을 보거나 관계를 파악한다면, 하나의 잣대가 적용될 것이므로 분쟁이 발생하지 않거나 발생해도 해법을 찾기가 쉬울 것이다. 그런데 관점을 달리하여, 예컨대 의사는 히포크라테스 정신으로 대하는데 환자는 소비자의 관점에서 응한다든지, 반대로 의사는 서비스 제공자로 임하는데 환자는 히포크라테스 관점에서 의사를 바라볼 때, 심각한 갈등이 발생하게 된다. 일선 의료현장에서 발생하는 잦은 감정 대립, 나아가 법적 분쟁의 상당 부분이 바로 위와 같은 관점의 혼선 또는 혼재에서 비롯되고 있다.

의사와 환자의 관계는 이미 법적 관계로 편입된 이상, 위와 같은 관점의 차이를 해소하는 방법으로서 최소한의 강제규범인 법률 차원에서 의환관계를 살펴볼 필요가 있다.

2. 의료행위/의환관계에 대한 법적 고찰

의사와 환자의 관계는 의료행위를 매개로 한다. 의료행위에 대해 우리나라 법은 별도로 정의하고 있지 않고, 다만 의료법 제12조에 다음과 같은 약어 설명이 있을 뿐이다.

> 의료법 제12조(의료기술 등에 대한 보호) ① 의료인이 하는 의료 · 조산 · 간호 등 의료기술의 시행(이하 "의료행위"라 한다)에 대하여는 이 법이나 다른 법령에 따로 규정된 경우 외에는 누구든지 간섭하지 못한다.

의료행위에 대한 법원의 판례는 주로 의료법 또는 보건범죄단속법 위반 처벌의 전제가 되는 "무면허 의료행위" 해당 여부를 판단하는 과정에서 의료행위를 정의하고 있다.

> "의료행위"는 사람의 생명, 신체 또는 일반 공중위생에 밀접하고 중대한 관계가 있는 행위로서 질병의 치료와 예방에 관한 행위는 물론, 의학상의 기능과 지식을 가진 의료인이 하지 아니하면 보건위생상 위해를 가져올 우려가 있는 일체의 행위라고 할 것이다.[4]

의사(의료인)와 환자의 관계(doctor-patient relationship)는 여러 가지 관점에서 볼 수 있다. 관계의 역학구도 측면에서 (i) 능동적-수동적관계, (ii) 지도-협력관계, (iii) 상호참가관계 등 3가지 유형으로 보기도 한다(T.S. Szasz, M.H. Hollander). 이런 유형화는 어느 특정 단계 또는 유형에 머무르지 않고 변화하는 경향성을 논의하는 도구가 되고 있다. 예컨대 질병구조의 중심이 급성질환에서 만성질환으로 이행되면서 의환관계도 위 (i)에서 (ii)로, 의료기계의 발전에 따라 의사와 환자가 공히 의료기계를 매개로 관계를 맺게 되는 (iii)으로 이동한다고 보는 것이다.[5]

규범적 관점에서 의환관계를 본다면 의료부권주의(medical paternalism), 환자주권주의(patient sovereignty), 소비자주권주의(consumer sovereignty) 등으로

---

4 헌법재판소 2007. 4. 26., 선고 2003헌바71 결정.

5 http://terms.naver.com/entry.nhn?docId=499791&cid=55558&categoryId=55558 [네이버 지식백과] 의사-환자관계 [doctor-patient relationship] (간호학대사전, 1996. 3. 1., 한국사전연구사) 참조.

나누어 볼 수 있는데,[6] 이런 유형화의 실익은 결정권의 주체가 어디에 있는가에 있다. 즉 의료부권주의 하에서는 의사가 결정권을, 환자주권주의 하에서는 환자가 결정권을 갖게 된다는 것인데, 최근 논란이 되고 있는 존엄사 문제[7]의 핵심인 환자의 자기결정권 논란이 여기에 관련된다. 의사와 환자를 둘러싼 의료환경의 변화에 따라 의환관계가 변화될 수 있는데, 그 변화의 경향성은 법학적 관점에서도 감지된다.

환자주권주의에서 의환관계는 의료 제공형태를 기준으로 크게 세 가지로 구별할 수 있다고 한다.[8] 계약관계, 사무관리관계, 그리고 공법상 관계다. 계약관계는 가장 보편적인 경우이고 사무관리관계는 계약이 체결될 수 없는 응급의료의 경우에서 발생할 수 있다(민법 제734조, 제735조). 공법상 관계는 감염병의 예방 및 관리에 관한 법률(감염병예방법)에 의한 건강진단(제19조), 예방접종(제24조), 감염병환자등의 관리(제41조), 감염병에 관한 강제처분(제42조) 등과 정신건강증진 및 정신질환자 복지서비스 지원에 관한

6 주호노, 의사법총론, (서울:법문사, 2012), 384

7 존엄사 문제는 존엄사로 정의되는 생명연장 중단 유형의 다양성으로 그 논의가 단순하지 않다. 대표적으로 우리 사회에서 생명연장 장치 제거로 인한 치열한 법적 공방은 "보라매병원 사건"(대법원 2004. 6. 24. 선고 2002도995 판결)과 "김할머니 사건"(대법원 2009. 5. 21. 선고 2009다17417 전원합의체 판결)에서 발생했다. 생명연장 장치 제거에 관한 사전 동의서 징구 역시 의료서비스의 적절한 배분이라는 경제적 관점을 떠나 인간존엄성 측면에서 볼 때 환자의 자기생명 단축을 의사가 돕는 형태로 나타난다고 볼 수 있다. 반면에 과도한 의료기술의 발전으로 인해 자연스러운 삶의 종말을 인위적으로 연장하는 것을 거부하고 제거한다는 측면에서 본다면 의료인의 동의서 징구 행위는 과학으로부터 인간의 존엄을 지켜주는 행위로 볼 수도 있을 것이다. 여기에서 자연스러움과 인위적임의 경계라는 것이 참으로 모호한 것이어서 연명장치 제거에 관한 법적 논란은 한동안 지속될 수밖에 없을 것이다.

8 이 분류는 주호노, 위의 책, 385 참조.

법률(정신건강복지법)에 의한 강제입원이 이에 해당한다.[9]

여기에서는 가장 일반적인 의환관계인 계약관계에 국한하여 논의하기로 한다. 계약관계에 있는 의환관계에서 위 관점들의 변화 추이에 일정한 경향성을 인정할 수 있을까? 다시 말해 의환관계가 의료부권주의에서 환자주권주의, 나아가 소비자주권주의[10]로 이동하고 있다고 할 수 있을까?[11] 의환관계를 계약관계로 좁혀보더라도 일반적 경향이라고 단정하기는 어렵다고 생각된다. 생명에 직접적 영향을 줄 수 있는 질환을 다루는 진료과와 그렇지 않은 진료과를 반드시 같게 볼 수 없기 때문이다. 후자의 경우 환자가 자기결정권을 행사하는 것은 전자에 비해 훨씬 문제가 덜 하다고 할 수 있다. 진료과에 따라서는 환자를 소비자(고객)로 보는 것이 이상하게 여겨지지 않는 경우도 있다. 대체로 이런 진료과의 경우 의료 광고가 활성화되어 있는데,[12] 의사나 환자 모두 환자를 소비자(고객)로 보는 것을 당연시하기도 한다. 그러나 예컨대 미용 목적 성형외과 진료의 경우에도 인간

---

9 질환자 본인의 의사에 반한 입원을 강제입원이라 할 때, 이와 관련된 조항만 나열하면 다음과 같다. 제43조(보호의무자에 의한 입원등), 제44조(특별자치시장 · 특별자치도지사 · 시장 · 군수 · 구청장에 의한 입원), 제50조(응급입원) 등.

10 의료사고 피해자 중심의 시민단체 의료사고시민연합을 모태로 2000년에 설립된 의료소비자연대는 다분히 의료 및 의료행위를 의료 공급자와 의료 소비자의 관계로 파악하여 의료사고 피해구제 및 의료사고 입증책임 전환을 중심으로 활발한 시민운동을 해 왔다. 나아가, 한국소비자원(구 한국소비자보호원) 역시 원내 의료팀을 두어 의료 관련 피해구제 사건을 처리할 뿐만 아니라 의료를 소비자 관점에서 적극 대처하고 있다. 이상 https://www.kca.go.kr/kca/sub.do?menukey=5355 (2019.12.30. 방문) 참조.

11 주호노, 의사법총론, 275–278, 384.

12 의료광고는 의료법에서 규율하고 있다. 제56조(의료광고의 금지 등), 제57조(광고의 심의), 제67조(과징금 처분) 등.

의 몸을 대상으로 하기 때문에 언제든지 생명 위해로 연결되거나 건강에 치명적 손상을 초래할 수 있다는 점에서[13] 의환관계의 유형을 진료과 중심으로 보는 것이 반드시 타당하다고 볼 수는 없다.

결국 의환관계는 의료부권주의, 환자주권주의, 소비자주권주의 등 세 가지 관점이 어떤 경향성에 의해 이동한다고 단정하거나 진료과별로 일정한 경향성을 지닌다고 보기도 어렵다. 세 가지 관점이 동시에 혼재하고 있어 어느 하나의 관점으로 설명할 수 없다고 생각된다.

한편, 의환관계에서 환자의 소비자주권이 강화될 경우 그에 상응하는 의료서비스의 공급자인 의료인의 권리도 존중되어야 한다. 대형병원의 경우 약관규제법 등에서 의료서비스 공급자의 사업자성이 강조될 수 있지만, 개인병의원의 경우 의료서비스 공급자의 지위는 대형병원의 그것과 같게 취급될 수 없는 면이 있다. 악성 고객(black consumer)에 대한 서비스 공급자의 서비스 제공 거절권은 소비자보호와 함께 논의될 수 있는데, 의료 서비스의 경우 이는 진료거부에 해당하기 때문에 의료윤리와 관련하여 조심스러운 접근이 요구된다. 진료 과정에서 신체 접촉이 수반될 수밖에 없는 의료행위의 특성상 성희롱(sexual harassment) 논란이 잦은 것, 의환관계에서 의료정보의 불균형성(비대칭성)에서 오는 입증책임 전환 문제의 논의는 인터넷이 가져온 "평평한 사회"로 인해 어느 쪽으로 논의가 진전될지 주목된다.[14]

---

13 타투(tattoo)로도 불리는 문신은 현행법상 의료행위에 해당하기 때문에 의사가 시술하지 않는 경우 의료법상 무면허의료행위로 처벌받게 된다.

14 인터넷을 통한 환자(고객)의 의료정보 접근용이성은 입증책임 전환 주장에 힘을 실어줄지, 아니면 전통적으로 피해자에게 입증책임이 있다는 주장에 힘을 실어줄지 분명하지 않다.

의료행위를 매개로 하는 의사와 환자의 계약관계는 대체로 도급계약,[15] 즉 일의 완성을 목적으로 하는 계약이라고 할 것이다. 일반적으로 계약불이행(채무불이행으로서 이행지체, 이행불능, 불완전이행)에 따른 각종 법적 문제로서 계약해제, 손해배상 등의 문제가 발생할 수 있고, 담보책임 문제도 있다. 사전에 의사와 환자 간에 예측 가능한 하자에 대한 약정을 할 수도 있다. 이른바 약정하자담보책임이다. 이를 약관[16] 형식으로 정한 경우 약관의 규제에 관한 법률(약관규제법)의 적용을 받는다. 예를 들어 의사(병원)는 고객(환자)이 진료계약(약관)의 내용을 쉽게 알 수 있도록 약관을 작성해야 하고 그 내용을 고객에게 설명할 의무를 부담한다(제3조). 약관의 뜻이 명백하지 않은 경우 고객에게 유리하게 해석되어야 하고(제5조제2항), 각종 설명 고지의무가 의사에게 부과될 수 있다(제5조제2항). 그밖에 약관규제법은 고객에게 부당하게 불리한 조항을 담은 경우 불공정거래약관으로 무효라고 규정하고 있으며(제6조), 의사의 고의 또는 중대한 과실로 인한 법률상 책임을 배제하는 조항을 두더라도 그와 같은 면책조항을 무효로 하고 있다(제7조). 사전에 약관으로 정하지 않은 경우 도급계약이므로 유상계약에 일반적으로 적용되는 법정하자담보책임(민법 제570조내지 제584조)을 지게 되는 경우도 있다.

---

15 민법 제664조(도급의 의의) 도급은 당사자 일방이 어느 일을 완성할 것을 약정하고 상대방이 그 일의 결과에 대하여 보수를 지급할 것을 약정함으로써 그 효력이 생긴다.

16 약관규제법 제2조제1호 "약관"이란 그 명칭이나 형태 또는 범위에 상관없이 계약의 한쪽 당사자가 여러 명의 상대방과 계약을 체결하기 위하여 일정한 형식으로 미리 마련한 계약의 내용을 말한다.

3. 정리

의환관계를 의료부권주의, 환자주권주의, 소비자주권주의 관점으로 보는 것에는 시대별로 일정한 발전 경향이 있는 것으로 보인다. 뿐만 아니라 진료 과목별로도 강조되는 점에서 차등이 있는 것 같기도 하다. 그러나 의환관계를 보는 관점의 차이는 진료 과정에서 또는 진료 결과를 놓고 서로에게 예상치 못한 상황이나 결과를 가져오기도 한다. 여기에서 중요한 것은 의환관계가 법적 관계라는 점이다. 법을 제재를 위해 존재하는 것으로 이해하는 것은 부족하다. 강제규범의 성격상 최종적으로는 강제력/제재가 가해질 수밖에 없지만, 사전적으로 의사와 환자를 지켜주기도 하는 장치가 법이다. 의료계에서 의환관계를 법적 관점에서 보는 것을 주저하거나 논의 자체를 기피하려는 관행은 재고될 필요가 있다.

III. 데이터[17]

나의 환자에 관한 모든 비밀을 절대로 지키겠노라[18]

개인정보에 대한 중요성이 강조되고 있는 가운데, 개인정보 중에서도 민감정보에 해당하는 건강정보는 보호와 이용 사이의 갈등이 매우 첨예하다. 개인정보 보호와 활용에 관한 갈등 논의에서도 건강정보는 핵심적 논

---

17 남형두, 건강정보 빅데이터와 프라이버 시 침해 문제 – 내 몸의 주인은 누구인가?, 정보법학 23, no. 3, (2019.12). http://www.kafil.or.kr/board/view?board_name=journal&article_no=346&page=1.

18 히포크라테스 선서 중에서.

의를 차지하고 있다. 헬스케어 산업을 발전시키기 위해서는 건강정보의 활용이 필수적이라는 입장에서는 개별적인 건강정보 활용 수준을 넘어 빅데이터화(化) 또는 빅 데이터 기업의 건강정보 활용 촉진을 강하게 주장한다. 물론 건강정보의 이용이 개인의 건강, 특히 응급 상황에서 생명을 구하는 데 매우 용이하며, 의학연구에서 환자들의 건강정보를 이용하는 것이 필요한 경우에는 건강정보 이용의 예외적 상황이 인정될 필요가 있다. 그런데 그 필요 정도를 넘어 헬스케어 산업, 빅 데이터 기업이 개인의 건강정보를 과도하게 집적하고 사실상 개인의 통제권을 무력하게 하는 한편, 그로부터 막대한 경제적 이익을 취하는 경우 그와 같은 건강정보 빅데이터를 용인할 것인가 하는 점은 또 다른 매우 심각한 문제를 야기하고 있다.

1. 개인정보로서 건강정보

개인정보 중 건강정보는 프라이버시 영역에 속해 있을 뿐 아니라 민감정보로서 엄격히 보호된다(개인정보보호법 제23조제1항). 건강정보에도 여러 층위가 있을 수 있다. 성별, 신체지수 등과 같은 비교적 외부에서도 직접 인식할 수 있는 것이 있는가 하면[물론 성 정보에는 성전환 수술을 한 경우, 성적 취향, 간성(間性) 등 외부에서 직접 인식할 수 없는 매우 민감한 정보도 있을 수 있다], 임신 여부, 정신과 치료 전력 등이 나오는 진료 정보와 같이 의료인이나 의료행정기관이 아니면 취득하거나 접근할 수 없는 정보가 있고, 나아가 검체(혈액, 대변, 소변), 유전정보와 같이 정보주체의 허락을 얻어 취득해도 전문가가 아니면 정보를 해독하는 데 어려움이 있는 것이 있다. 건강정보도 상업적 목적으로 활용될 수 있지만 정보주체의 재산적 이해관계보다는 사생활의 자유, 프라이버시가 절대적으로 중요한 개인정보라는 점에서 여타의 개인정보와 질적으로 구별된다. 예를 들어 정신과 진료를 받은 기록(건강정보)이 제대로 관리되지 않음으로써 취업할 때 불리하게 작용될 수 있다면, 나아가 그런 사례가 알려진다면, 취업을 앞두고 있거나 장차 취업을 계획하고 있는 취업희망자는 우울증이 있어도 정신과 진료를 기피하게 될지 모른다. 그로 인해 극단적 선택을 하는 경우가 발생한다면 건강정보에 대한 관리 소홀이 자살률 증가의 한 원인이라는 비난을 피하기 어려울 것이다.

2. 건강정보 보호의 딜레마

건강정보는 개인정보 중에서도 민감정보로서 매우 세심하게 보호되어야 한다. 그런데 반드시 보호만이 능사는 아니다. 때로는 적절하게 활용할 수 있도록 하는 것이 건강정보 주체인 개인뿐 아니라 인류 전체에도 큰 유익을 줄 수 있다. 환자 개인의 경우 낯선 곳에서 응급 상황을 맞이하였을 때, 자신의 건강정보에 대해 응급실 의사가 접근할 수 있다면 촌음을 다투는 응급 상황에서 환자의 생명을 건지는 데 큰 도움이 될 것이다.[19] 또한 환자들이 진료 또는 건강검진을 받을 때 제공하는 각종 검체는 의학연구에 중요한 데이터가 될 수 있다. 이에 나라별로 개인정보보호 법제에서 과학적 연구에 대해 개인정보 보호의 예외 규정을 두기도 하는데, 우리나라도 2020년 개정된 개인정보보호법에서 다음과 같은 규정을 새롭게 두었다.

---

19 애덤 태너/김재용, 김주연, 이희영 역, 보건의료 빅 데이터로 영리를 추구하는 기업들, (수울: 따비, 2019), 281-282.

> 제2조 8. "과학적 연구"란 기술의 개발과 실증, 기초연구, 응용연구 및 민간 투자 연구 등 과학적 방법을 적용하는 연구를 말한다.
>
> 제28조의2(가명정보의 처리 등) ① 개인정보처리자는 통계작성, 과학적 연구, 공익적 기록보존 등을 위하여 정보주체의 동의 없이 가명정보를 처리할 수 있다.

의학 연구도 위에서 말하는 "과학적 연구"에 포함됨은 말할 것도 없다. 따라서 개정안에 따르면 의학 연구를 위해 건강정보를 정보주체 동의 없이 가명정보로 처리해 사용할 수 있게 된다. 그런데 가명정보는 익명정보와 달리 식별가능하며, 가사 익명정보라 하더라도 결합주체의 기술력에 따라 얼마든지 식별가능한 정보가 될 수 있다. 나아가 과학적 연구에 대한 정의에서 보듯 응용연구, 민간 투자 연구 등의 해석 여하에 따라서는 개인정보 보호의 큰 구멍이 생길 가능성도 있다. 이처럼 현재 환자의 건강정보 보호와 미래 환자를 위한 의료연구 간의 갈등은 매우 팽팽한 긴장관계에 놓여 있는데, 미래 환자, 즉 인류의 건강을 위한 과학적 연구라는 이름으로 현재 환자의 건강정보가 특정 기업의 경제적 수익을 위한 데이터로 활용되는 것에 대한 주의와 경계를 늦추어서는 안 될 것이다.

나아가 희귀질환을 앓는 환자의 검체는 관련 질환을 치료하는 특허약품 개발에 결정적 계기가 되기도 한다. 건강정보(검체) 제공이 원인이 되어 막대한 특허권을 창출한 경우라도 의학 연구에 지장을 초래할 수 있다는 이유로 건강정보 제공자의 특허권 지분 주장을 기각한 사례가 있다. 이 사건에서 법원은 건강정보 제공자에 대해 특허권 지분을 인정해주는 것으로 보호하는 대신, 당초 검체 등 건강정보를 제공하는 과정에서 연구개발 후 특허절차 등에 이용될 수 있다는 점을 알리지 않은 것에 대해 의료진의 책

임을 묻는 것으로 보호받을 수 있을 뿐이라는 취지로 판단하였다.[20]

3. 건강정보 빅 데이터의 문제

위와 같이 개인 차원에서 건강정보를 침해당한 환자가 이를 활용한 기업이나 병원, 의료진을 상대로 소송을 제기하여 권리를 구제받는 것은 어떤 점에서는 작은 권리 구제에 해당한다고 할 수 있다. 보다 광범위한 차원에서 개인의 건강정보가 정보주체의 허락 없이 수집되고, 나아가 집적되어 거래되기도 한다.[21] 뿐만 아니라 이런 건강정보 채굴회사들이 더 큰

---

20 Moore v, Regents of the University of California, 51 Cal. 3d 120 (1990). 특이한 혈액암을 앓는 환자로부터 형식적인 동의를 얻어 그의 혈액, 골수 등을 채취한 의료진이 이를 통해 특허를 취득하자, 환자가 동의할 때 특허 출원에 활용될 것이라는 점에 대해 고지를 받지 못했다면서 자신의 건강정보(검체)를 활용한 특허에 대한 일정한 지분을 주장한 사안에서 캘리포니아 주 법원은 환자(원고)의 청구를 기각했다.

21 세계 굴지의 건강정보 채굴회사인 아이엠에스 헬스(IMS Health)는 IMS Health Korea를 통해 처방전 정보를 불법적으로 취득하였다는 혐의(개인정보보호법 위반)로 2015년 우리나라 법원에 기소되었다. 이 회사는 2011년~2014년 우리나라 국민 4,399만 명의 의료정보 47억 건을 약 20억 원에 불법적으로 사들였고, 이 정보들은 본사로 보내져 가공된 후 100여억 원에 제약사들에 되팔렸다고 한다. 이 회사가 정보를 취득할 수 있었던 것은 대한약사회 산하 단체인 약학정보원이 배포한 약국의 정보관리 프로그램 '피엠2000'(PM2000)과 의사들이 병원에서 환자 진료내역을 분석하여 건강보험심사평가원에 급여청구를 하는 지누스의 프로그램(이 프로그램은 전국 7,400개가 넘는 병원에 깔려 있음)을 통해서다. 약국에서 수집한 정보는 주민등록번호, 약값 등 최소 23가지이며, 지누스로부터 수집한 정보는 진료정보, 처방내역 등 최소 13가지라고 한다. 권오성, "미 빅 데이터 기업에 흘러간 한국 4300만명의 처방전", 한겨레 2016.7.18.자 기사. 이 사건은 6여 년간 이어진 끝에 2020년 2월 1심에서 무죄 판결이 선고되었는데[서울중앙지법 2020. 2. 14. 선고 2015고합665 · 752(병합) · 1115(병합) 판결], 현재 검찰의 항소로 항소심(서울고법)이 진행 중에 있다.

규모의 헬스케어 산업, 건강보험사와 수많은 건강정보를 사고파는 거래가 암암리에 이루어지고 있다. 더욱 심각한 것은 글로벌 IT 플랫폼 회사들이 헬스케어 산업에 진출하고 있는데, 이들이 보유하고 있는 개인정보와 헬스케어 기업들이 갖고 있는 건강정보가 여러 가지 방법으로 결합됨으로써, 일종의 건강정보 빅 데이터가 형성되고 있다는 점이다.

2021.1.3. 현재 미국 증권시장 나스닥의 시가총액 기준 1위부터 6위까지 중 사우디아람코를 제외하고 애플, 마이크로소프트, 아마존, 구글, 페이스북이 차지하고 있다.[22] 공교롭게도 이들 기업은 모두 의료산업(Healthcare Industry)에 뛰어든 상황이다. 유통 시장의 추세가 오프라인에서 온라인으로 급속히 이동하고 있는 상황에서 온라인 유통의 최강자인 아마존, 세계 최대 포털이자 플랫폼 기업인 구글, 메신지 서비스 가입자가 가장 많은 페이스북, 모바일폰 디바이스와 함께 앱 서비스를 장악하고 있는 애플, 그리고 윈도우즈(Windows)를 통해 여전히 전통적 IT 기업의 맹주를 유지하고 있는 마이크로소프트 등 글로벌 플랫폼 기업들은 각자의 특성을 발휘하여 의료산업에 적극 투자하고 있다.

개개인의 건강정보[인터넷 쿠키(cookie) 정보 포함][23]를 보유하고 있는 거대 포털 기업은 익명정보라 하더라도 현재의 기술력으로 또는 향후 확보될 기술력으로 개별화/식별화할 수 있을 것이므로, 정도의 차이는 있지만 개인별 맞춤형 광고를 할 수 있다. 건강정보 빅 데이터를 보유한 플랫폼

22 http://www.mrktcap.com/ (2021.1.3. 방문).

23 인터넷 이용자가 특정 제약회사 또는 질병 상담 관련 사이트에 방문한 경우, 해당 사이트는 이용자의 동의를 얻어 쿠키 정보를 보유할 수 있다. 이 사이트가 이 정보를 빅 데이터 플랫폼(포털) 기업과 공유하게 되면, 해당 기업은 인터넷 이용자의 필요에 맞는 맞춤형 광고를 할 수 있다.

기업은 맞춤형 광고라는 형식을 취하지만 그 이면에서는 광고수익을 극대화하기 위한 각종 조작과 왜곡이 성행할 수 있다. 의료 광고, 나아가 맞춤형 광고가 전면적으로 가능하기 위해서는 의료법, 개인정보보호법 등 극복해야 할 난제가 많지만, 극복한다는 것을 전제로 보면, 빅 데이터 기업이 수많은 환자들의 건강정보를 보유하고 있다는 것은 여러 가지 예상되는 부작용을 현실로 바꿔놓을 것이다.

보험회사로서는 빅 데이터 기업이 갖고 있는 건강정보에 접근하고 싶은 강한 필요가 있고, 빅 데이터 기업은 개인정보보호법 위반에도 불구하고 경제적 수익을 위해 보험회사에 건강정보를 불법적으로 이전하고 싶은 유혹을 받을 수 있다. 개인정보를 정보주체의 동의 없이 제3자에게 이전하는 데, 그것도 유상으로 이전하는 데에는 각종 제약이 있지만, 이런 거래는 은밀하게 이루어진다. 실례로 페이스북의 케임브리지 애널리티카 사건[24]에서 보는 바와 같이 빅 데이터 기업이 이용자의 개인정보를 유상으로 팔아넘긴 사례가 있다. 최근 미국 내 2위 의료시스템 전문기업인 어센션(Ascension)사는 수백만 환자의 건강정보를 구글과 공유하여 문제가 되었는가 하면, 2017년 구글은 미국 국립보건원(NIH)과 공유한 10만 개 이상의

---

24 영국에 기반을 두고 있는 데이터 분석 기업인 케임브리지 애널리티카(Cambridge Analytica)가 2016년 미국 대통령 선거 기간 동안 페이스북에서 회원 정보를 불법으로 유출해 당시 공화당 후보였던 도널드 트럼프를 지원하는 데 활용한 것이 알려져 파문을 일으켰던 사건이다. 페이스북도 실제 데이터가 수집된 이용자 수가 8천 7백만에 이른다고 발표했고, 마크 주커버그는 2018. 4. 10. 미국의회 청문회에서 페이스북이 악용되는 것을 막기 위해 최선을 다 하지 못했음을 시인했다. 이로 인해 페이스북 주가는 한때 곤두박질치기도 했다. Carole Cadwalladr, Emma Graham-Harrison, "Revealed: 50 million Facebook profiles harvested for Cambridge Analytica in major data breach", The Guardian 17 Mar. 2018 등.

흉부엑스레이 영상을 담은 데이터세트를 공개하는 과정에서 개인정보가 지워지지 않은 것이 발견돼 마지막 단계에서 국립보건원이 구글에 공개철회를 요청한 사실도 있다.[25] 위와 같은 사례에 비추어 보면, 앞으로도 빅 데이터 기업들은 건강정보를 불법적으로 판매하거나 공유하는 등의 방식으로 경제적 수익을 취하는 일이 빈발할 것으로 충분히 예상할 수 있다.

앞으로 거대 플랫폼이 개개인의 건강정보를 수집하여 거대한 빅 데이터를 형성하면 할수록 빅 데이터 기업과 그 기업이 보유하고 있는 건강정보를 직접 활용하여 수익 사업을 하거나, 건강정보를 간절히 필요로 하는 의료산업, 제약산업, 보험산업 등에 이를 제공함으로써 여러 가지 비즈니스 기회와 수익이 창출될 수 있음은 어렵지 않게 예상할 수 있다.

빅 데이터로 무장한 글로벌 플랫폼 기업이 생명보험회사를 인수함으로써 경쟁사업자를 배제하는 일은 제약회사, 건강정보 채굴회사 등으로 확대될 수 있고, 반드시 인수하지 않더라도 지분 투자 등을 통해 전략적 관계를 맺는 등으로 확장될 수 있다. 이와 같은 기업결합 등에서 소비자에게 발생하는 피해는 때로 효율 앞에 가려지거나 국가 간 신산업을 선도해야 한다는 목소리에 묻혀 질 가능성이 매우 높다. 민감정보인 환자의 건강정보가 거래됨으로 인해 발생할 피해는 경제적으로 계량되기 어려운 반면, 개인의 프라이버시가 심각하게 훼손될 수 있고, 나아가 인간의 생명과 건강이 거대기업의 경제논리로 좌우되고 철저히 수단으로 전락될 수 있다는 점에서 우려스러운 대목이 아닐 수 없다.

---

25 양태경, “구글, 왜 또 이러나?... 환자 개인정보보호 침해 논란”, AI타임스 2019.11.18.자 기사, http://www.aitimes.com/news/articleView.html?idxno=121814 (2019.11.20. 방문).

4. 정리

건강정보의 이용은 건강정보 주체의 개인적 동의, 즉 "사전 동의"라는 형식을 통해 환자(정보주체)의 통제권 하에 두는 것을 이미 넘어서고 있다. 응급 상황에서 정보주체 또는 그의 허락을 받은 의료진의 건강정보의 자유로운 이용이나 미래 환자, 나아가 인류의 건강증진을 위한 의학 연구 등에 활용되는 정도 차원에서의 활용은 미덕의 수준이다. 오늘날 문제되고 있는 것은 각종 건강정보 채굴회사의 은밀한 건강정보 수집 및 집적, 나아가 전 세계인이 매일 사용하는 구글, 페이스북, 마이크로소프트, 아마존, 애플 등의 글로벌 플랫폼 기업들이 헬스케어 산업에 진출하여 이미 확보하여 둔 개인정보에 건강정보를 결합하여 각종 비즈니스를 하고 있다는 점이다.

물론 이로써 정보주체 개인과 인류 전체의 건강증진에 크게 이바지하는 점이 있을 것이다. 그런데 그와 같은 밝은 점 이면에는 사적 기업에 불과한 이들 빅 데이터들이 개인의 건강정보를 확보하고 있는 것을 기화로 불법 또는 부당한 일을 할 가능성을 배제할 수 없다는 데 문제의 심각성이 있다. 초국가적 규모의 이들 빅 데이터 기업은 개별 국가의 법을 우회하여 비즈니스를 하는 경우가 많은데, 앞으로 양질의 데이터를 더욱 더 집적할 것이며 이를 활용한 비즈니스는 더욱 다양화되고 혁신적으로 변할 것이라는 데 큰 이견이 없을 것이다.

이를 방관할 경우 인간은 졸지에 환자에서 데이터로 전락할 위기에 처해지게 되는데, 개인정보보호법은 개인(환자)을 보호하기에는 너무나 초라한 "작은 칼"이 되기 쉽다. "사전 동의"라는 형식과 "개인정보 보호 예외 규정"이라는 제도적 장치는 건강정보 빅 데이터들이 하고자 하는 비즈니스에 넘을 수 없는 장애물이 되지 않기 때문이다. 이에 대해 상대적으로

"큰 칼"은 공정거래법이 될 수 있다. 건강정보를 매개로 이루어지는 빅 데이터 기업 간의 인수합병에 정부가 심사를 철저히 하여 이를 통제하는 것이다. 건강정보 빅 데이터 기업으로부터 개인(환자) 및 건강정보 주체를 보호하는 거의 유일한 실효적 대안이 될 수 있는 방안은 공정거래법이라고 보는 것이다.[26]

IV. 성서적 관점

1. 환자에 대한 사랑과 긍휼

인간은 누구나 무병장수(無病長壽)를 꿈꾼다. 그러나 신과 인간 사이의 건널 수 없는 경계에 죽음이 놓여 있다. 모두 건강한 삶을 바라지만 인간은 죽음이란 한계를 극복할 수 없다. 예수님이 이 세상에 계실 때 그의 오

---

26 필자는 관련 논문(위 주 *)에서 다음과 같은 결론을 내린 적이 있다. 위 논문, 29면. "사전적 규제를 통한 건강정보의 수집과 이동을 막는 것이 현실적으로 어렵다면, 건강정보를 보유하거나 상품화하여 거래하는 기업 간의 인수합병과 글로벌 플랫폼 기업이 이들 헬스케어 기업을 지배하는 것을 막는 것이 보다 현실성 있는 대안이 될 수 있다. 사후적 규제 수단인 공정거래법적 감시와 견제를 소홀히 할 경우 틈과 구멍 정도가 아니라 '터진 둑'이 되어 인류는 자신의 건강정보를 더 이상 통제할 수 없게 될 지도 모른다. 내 몸이 더 이상 내 것이 아닌, 빅 데이터를 구성하는 하나의 데이터에 불과하게 되어 자본과 비즈니스의 논리에 따라 수단으로 전락하는 신세를 면하지 못할 우려가 있다. 건강정보의 빅 데이터화(化)와 상업화에서 개인정보보호법과 공정거래법은 효율적인 규제 수단이 될 수 있는데, 전자가 '작은 칼'이라면 후자는 '큰 칼'에 해당한다. 건강정보를 보유하고 있는 회사 간의 인수합병이나 이들 기업을 인수하려는 글로벌 플랫폼 기업의 시도에 대해서 공정거래법적 대응이 보다 각별해야 한다고 생각한다."

신 목적을 하나님의 나라 복음을 전하기 위해서라고 했다(누가복음 4:43). 예수님이 열두 제자를 세상에 보내실 때 하나님의 나라를 전파하며 앓는 자를 고치게 하려 함이었다고 복음서 기자는 전하고 있다(누가복음 9:2). 예수님이 이 땅에 오셔서 하신 일 중에는 병 고치는 것이 많았으나 그것이 목적은 아니었다.[27] 치유는 하나님의 나라를 전하시는 과정에서 일어난 일로서 예수님이 하나님의 아들이심을 믿게 하기 위한 수단이 되고 효과적인 복음 전파의 수단이 되었을 지도 모른다. 그런데 예수님이 가시는 곳마다 병자들은 넘쳐났고, 수많은 치유의 이적이 일어났다.

여기에서 의사로서 예수님의 면모를 살펴본다. 예수님은 자신에게 찾아온 환자들을 어떻게 대하셨을까? 예수님을 찾아오거나 따른 무리 중에는 하나님 나라보다는 당장의 병이 낫는 데 더 큰 관심이 있었을 지도 모른다.[28] 그러나 그렇다고 해서 예수님은 당신을 찾아온 무리들을 배척하지 않으셨다. 마태복음 기자는 세례 요한의 억울한 죽음 사건과 오병이어(五餠二魚)의 기적 사건 사이에 다음과 같이 적고 있다.

> 예수께서 들으시고 배를 타고 떠나사 따로 빈들에 가시니 무리가 듣고 여러 고을로부터 걸어서 좇아간지라 예수께서 나오사 큰 무리를 보시고 불쌍히 여기사 그

27 바울도 자신의 질병 치유를 위해 오래 기도했지만 뜻대로 되지 않았다. 그러나 그것이 하나님의 은혜임을 고백한다. 고린도후서 12:1–10.

28 요한복음은 오병이어 기적을 기술하기 전 부분에서 "그 후에 예수께서 갈릴리 바다 곧 디베랴 바다 건너편으로 가시매 큰 무리가 따르니 이는 병인들에게 행하시는 표적을 봄이러라"(6:1–2)고 함으로써 아예 수천 명의 군중이 예수님께 온 이유를 대놓고 치유의 기적 때문이라고 쓰고 있다.

중에 있는 병인[29]을 고쳐 주시니라(마태복음 14:13–14)[30]

예수님은 병자들을 불쌍히 여기셨다. 오로지 사랑의 마음으로 병자들을 고치셨음을 알 수 있다.

환자를 향한 예수님의 긍휼히 여기시는 마음은 당시의 법도 막지 못했다. 안식일을 지키는 것이 당시 유대인의 법이었지만, 법의 정신은 사라지고 오로지 사람을 옭아매는 것으로 사용되었다. 안식일을 지키는지 여부로 믿음을 판단하는 요소로 삼기도 했다.[31] 그런 가운데 예수님은 "안식일은 사람을 위하여 있는 것이요 사람이 안식일을 위하여 있는 것이 아니다"(마가복음 2:27)고 하셨고, 이에 불만을 품은 바리새인들은 예수님을 시험하기 위해 안식일에 회당에 들어가시는 예수님이 "한 편 손 마른 사람"을 고치시는가를 엿보았다. 이를 치료하는 것은 안식일 법에 저촉되는 것으로서 당대 실정법 위반이라는 비난과 송사를 당할 것이 분명했으나, 예

29 영어성경(NIV)에 의하면 "병인"이 복수 표현인 "their sick"으로 되어 있고, 이어지는 구절이 "저녁이 되매.."(15절)로 시작하는 것으로 볼 때, 예수님이 적지 않은 병자들을 고쳐주셨음을 미루어 알 수 있다.

30 한편, 칠병이어 사건(마태복음 15:32–39) 전후에도 다음과 같이 수많은 환자와 장애인을 고쳐주신 것을 알 수 있다. "예수께서 거기서 떠나사 갈릴리 호숫가에 이르러 산에 올라가 거기 앉으시니 큰 무리가 절뚝발이와 불구자와 소경과 벙어리와 기타 여럿을 데리고 와서 예수의 발 앞에 두매 고쳐 주시니"(29–30) 한편, 이 글에서 인용한 성서 구절에는 오늘날의 관점에서 보면 장애인권 감수성이 떨어지는 표현이 있으나, 이는 개역한글판 성서를 참고했기 때문임을 밝힌다.

31 "바리새인 중에 혹은 말하되 이 사람이 안식일을 지키지 아니하니 하나님께로서 온 자가 아니라 하며 혹은 말하되 죄인으로서 어떻게 이러한 표적을 행하겠느냐 하여 피차 쟁론이 되었더니"(요한복음 9:16). 이 구절도 예수님이 안식일에 실로암 못에서 시각장애인을 낫게 하자 안식일에 병고치는 것을 두고 바리새인들 간에 논쟁이 생겼던 것을 기술하고 있다.

수님은 보란 듯이 환자를 치료하셨다(마가복음 3:1–6). 안식일에 병자를 치료하는 것으로 인한 안식일 법 위반 논란이 가장 잘 기술된 것은 누가복음 13:10–17이라 할 것이다.

예수님은 18년간 귀신들려 앓으며 꼬부라져 조금도 펴지 못하는 한 여인을 안식일에 낫게 하셨다. 안식일에 병 고치시는 것에 대해 분을 낸 회당장은 "일할 날이 엿새가 있으니 그 동안에 와서 고침을 받을 것이요 안식일에는 말 것이니라"(14절)고 했다. 회당장이라는 인물은 법을 중시하나, 그 법 속에 들어 있는 사랑은 잊은, 그야말로 "형식적 법률주의자"의 전형이라 할 것이다. 이에 대해 예수님은 "너희가 각각 안식일에 자기의 소나 나귀나 마구에서 풀어내어 이끌고 가서 물을 먹이지 아니하느냐 그러면 십팔 년 동안 사단에게 매인 바 된 이 아브라함의 딸을 안식일에 이 매임에서 푸는 것이 합당치 아니하냐"(15–16절)고 대답하셨다. 이후 "모든 반대하는 자들은 부끄러워하고 온 무리는 그 하시는 모든 영광스러운 일을 기뻐하니라"고 성경은 기록하고 있다(17절).

법(공의)과 사랑이라는 인간이 만들어낸 대립구도에서 사랑이 법을 뛰어넘는 가치임을 드러내실 때, 법으로 대표되는 것에 "안식일 법"을, 사랑으로 대표되는 것에 "환자에 대한 치유"를 병치시킨 것에서, 예수님의 환자에 대한 마음 쓰심을 이해할 수 있다.

자기에게 오는 수많은 환자들을 그들이 제사보다는 젯밥에 관심이 있는 이들이라 할지라도 그들을 내치지 않고 일일이 낫게 하신 예수님, 그리고 철통같은 법이 가로막을지라도 환자를 치료하는 것이 더 중요하다며 법위반이라는 비난을 개의치 않으셨던 예수님에게서 아픈 사람, 환자를 대하신 그의 지극한 사랑의 면모를 엿볼 수 있다.

2. 사람 중심의 전체적 접근(holistic approach)

예수님은 환자의 질병을 치료할 때 그 질병에 국한하지 않으셨다. 육체의 질병 외에 마음까지 치료한 예는 많이 있다. "한 편 손 마른 자"를 치료하실 때 그에게 "네 손을 내밀라"고 하셨고, "그가 내밀매" 그 손이 회복되었다고 복음서는 기록하고 있다(마가복음 3:5). 한 쪽 손이 오그라든 채 평생을 살아야 했던 그 사람의 모든 열등감의 근원이 깨끗하게 치료된 것이다. 뒤에서 보는 바와 같이 열두 해 혈루증을 앓았던 여인을 치료하신 데서도 알 수 있듯, 질병 치유를 넘어 구원까지 허락하셨음을 알 수 있다. 이처럼 예수님의 질병 치료의 사역은 단지 육체적 건강을 회복하는 데 그치지 않고 정신과 영혼에 이르기까지 전인적인 회복에 걸쳐있음을 알 수 있다.

이는 현대의학이 환자를 질병 위주로 대하는 것과 극명하게 대비되는 것으로서, 환자를 전체적으로 보아야 한다는 견해에 힘을 실어줄 수 있다.

더 나아가 한센병 환자를 치료하는 장면에서는 당시 유대의 정결법(레위기 14장)에 따르도록 하고 있는데(마태복음 8:1-4), 이는 전염병 환자의 사회화에까지 염두에 두고 있음을 알 수 있다. 전염성이 있는 한센병을 치료하였다고 해도 주변 사람들은 여전히 그를 기피할 수 있는데, 이와 같이 당시의 정결법에 따르도록 함으로써 주변에 이 사람이 완전히 깨끗하게 회복되었음을 알림으로써 사회의 구성원으로서의 관계를 회복시키셨음을 알 수 있다. 이는 환자 한 사람의 회복을 위해 얼마나 끝까지 최선을 다해야 하는 지를 보여주는 매우 감동적인 장면이 아닐 수 없다.

2015년 5월 우리나라를 얼어붙게 만들었던 메르스 사태 당시, 정부는 특정 병원(삼성의료원)을 보호하기 위해 메르스 감염 병원 리스트를 공개하지 않아 수많은 환자들, 특히 노인 환자들의 고통을 가중시켰던 적이 있다. 돈과 권력 앞에 수많은 환자들이 내팽개쳐진, 다시 생각하고 싶지 않은 일이었다. 몸이 아파도 어떤 병원이 메르스 감염 병원인지 알 수 없는, 정보력이 약한 국민들은 병원에 가지 못해 병을 키운 사례가 셀 수 없이 많았을 것이다. 메르스 사태는 메르스 감염으로 사망하거나 입원했던 사람들의 숫자로는 헤아려질 수 없는 더 큰 피해와 상처를 남겼다. 재벌이 소유하고 있는 병원을 보호하기 위해 짧지 않은 기간 동안 감염 병원 리스트를 비밀로 한 정부(의료행정)에 대한 국민의 불신이 그것이다.

이 점에서 전염병 환자의 치료는 개인적 치료를 넘어 사회에 대한 신뢰 회복까지 이루어져 한다는 것을 그대로 실천하신 예수님의 행적은 언제든 다시 발생할 수 있는 감염병 사태 시 의료행정이 어떻게 대처해야 하는 지 돌아보게 하는 대목이라고 생각한다.[32]

3. 건강정보에 관한 성서적 관점

예수님은 환자 개인의 신상 정보 또는 질병 등 건강에 관한 정보를 어떻게 대하셨을까? 물론 프라이버시를 중시하는 오늘날의 상황과 당시의 상황을 단순 비교할 수는 없다. 소규모 공동체, 가족 중심의 사회에서 프라이버시는 오늘날만큼 중시되지 않았을 수 있다. 다만 병 낫기를 소망하는 마음은 예나지금이나 크게 다르지 않을 것이다. 성서, 특히 복음서에 기록된 치유의 사례는 수없이 많다. 다만 그 중에 환자와 질환이 특정된 경

---

32 이 글을 완성하여 연세대학교 생명윤리포럼에 보낼 때인 2020년 1월초만 해도 코로나19 바이러스가 우리나라에 발생하기 전이었다. 원고를 보낸 후 1년 만인 2021년 1월 책으로 출간하기 위해 다시 저자 교정을 하게 되었는데, 2020년을 휩쓸고 지나간, 그럼에도 아직까지도 확산세가 꺾이지 않고 있는 코로나19 감염병에 대해서는 일정상 이 글에 담지 못함을 안타깝게 생각한다. 추후 다른 기회에 다루어야 할 것으로 생각한다.

우는 손에 꼽을 수 있다. 그러니 대부분 질병 치유의 대상은 익명의 무리(환자)였고, 그들의 병명 역시 알려지지 않았다고 할 것이다. 이를 오늘날로 치면 개인정보/건강정보의 보호라고 말할 수 있을지도 모르겠다. 이렇게 된 데는 예수님의 행적을 보거나 듣고 또는 그것을 전해들은 이들이 복음서를 기록하였기 때문에 중복된 사료(source)를 편집 또는 생략해서였을 수 있다. 또는 예수님이 제자들에게 말하지 않으셨기 때문에 복음서 기자들에게 전달되지 않았을 수도 있다. 그렇다면, 복음서 기자들에게 환자의 이름이나, 이름은 몰라도 그들을 식별할 수 있는 개인정보와 병명이 전해지게 된 것은 치유받은 환자들이 후에 공개했기 때문이라고 생각할 수 있다. 예컨대 사마리아 수가성 여인과 예수님의 만남에서 예수님은 이 여인의 매우 은밀한, 숨기고 싶어 했을 이야기를 하셨다.

> 가라사대 가서 네 남편을 불러 오라 여자가 대답하여 가로되 나는 남편이 없나이다 예수께서 가라사대 네가 남편이 없다 하는 말이 옳도다 네가 남편 다섯이 있었으나 지금 있는 자는 네 남편이 아니니 네 말이 참되도다 여자가 가로되 주여 내가 보니 선지자로소이다(요한복음 4:16-19)

예수님과 이방 여인이 대화를 나눌 때 제자들은 먹을 것을 사러 동네에 들어갔기에(4:8), 대화 자리에는 둘 밖에 없었다. 따라서 여인의 사생활(프라이버시) 영역에 해당하는 내용을 대화 가운데 주고받았다는 사실은 예수님이나 여인이 발설하지 않았다면 세상이 알 수 없는 노릇이었다. 그런데 그 발설자는 여인임이 성서에 기록돼 있다.

> 여자가 물동이를 버려두고 동네에 들어가서 사람들에게 이르되 나의 행한 모든

일을 내게 말한 사람을 와 보라 이는 그리스도가 아니냐 하니(요한복음 4:28-19)

다시 말해 예수님은 개인의 사생활에 해당하는 것으로서 외부에 드러내고 싶어 하지 않을 사항을 공개하지 않으셨다. 이는 오늘날의 시각에서 보더라도 사람들을 매우 인격적으로 대하셨음 알 수 있다.

환자와 질병의 경우에도 마찬가지다. 수없이 많은 질병 치유의 역사가 기록돼 있지만, 환자와 질병이 식별될 수 있었던 것은 대부분 겉으로 드러난 장애나 질병 때문이었다. 예컨대 시각장애인, 언어장애인, 지체장애인, 중풍병자 등의 경우 그것이 중증 장애 또는 중환자였기 때문에 성서에 특별히 기록되었을 수도 있겠지만, 장애 또는 질병의 특성상 당대 동 시대 사람들에게 환자와 그의 장애 또는 질환이 무엇이었는지가 드러날 수밖에 없었을 것이다. 이 경우는 드러난 장애 또는 질환이었기 때문에 성서의 기록이 오늘날의 관점에서 보더라도 개인정보, 건강정보 보호 차원에서 시대의 차이를 감안할 때 크게 문제될 것은 아니라고 본다.

그런데 필자가 볼 때 거의 유일하게 당시나 오늘날이나 매우 사적인 영역의 질병이 그대로 복음서에 기록된 예가 바로 열두 해 혈루증 앓던 여인 이야기(누가복음 8:43-48)라고 생각된다. 혈루증(bleeding)으로 기록된 이 질병은 부인병의 일종으로 드러내놓고 치료받기 꺼려지는 질환임은 쉽게 알 수 있다. 그런데 어찌하여 복음서는 여인의 질환명과 심지어 투병기간까지 구체적으로 명시하고 있는 것일까? 예수님은 군중 속에서 자신의 옷가에 손을 댄 사람이 있다는 것과 그로 인해 자신에게서 능력이 나간 줄을 아셨다. 그때 옷 가에 손을 대고 병을 나은 여인의 고백과 예수님의 대답이 다음과 같이 나온다.

여자가 스스로 숨기지 못할 줄 알고 떨며 나아와 엎드리어 그 손 댄 이유와 곧 나은 것을 모든 사람 앞에서 말하니 예수께서 이르시되 딸아 네 믿음이 너를 구원하였으니 평안히 가라 하시더라(누가복음 8:47-48)

언뜻 보면 여인의 부끄러운 병명(건강정보)은 예수님의 질문에 의해 공개되었으니 다른 예들과 달리 예수님이 환자의 건강정보를 노출케[33] 하신 것이 아닌가 생각될 수 있다. 그러나 먼저 예수님이 자신에게서 능력이 빠져나가게 한 여인을 찾아낸 것은 치료에 대한 대가나 그밖에 어떤 이익을 바랐기 때문이 아니었다. 만약 그 여인을 찾아내지 않았다면, 또는 여인이 병만 낫고 도망쳤거나 그 어떤 질문에도 묵묵부답으로 일관했다면 여인은 병은 나았을지 모르지만 그것이 전부였을 것이다. 그런데 예수님은 그 여인에게 구원의 확신과 평안을 주셨다("Daughter, your faith has healed you. Go in peace."). 환자의 질병 치료를 넘어 정신적 치료까지 아우르는 전인적(全人的) 치료를 보여주는 예가 아닐까 싶다. 오늘날 의료행위가 기능적 측면에 집중되어 있다면 성서적 관점에서는 육체와 정신까지 전인적 치료를 진정한 치유로 보는 것으로 생각된다. 이렇게 본다면, 이 또한 예수님 또는 복음서의 기자들이 오늘날 관점에서 보더라도 치료 과정에서 개인의 신상정보나 건강정보를 함부로 노출하거나 비인격적으로 처리하지 않았음을 알 수 있다.

이상에서 볼 때 성서, 특히 예수님의 행적을 기록한 복음서에서 환자를 치료하실 때 예수님과 복음서 기자들이 환자의 개인정보, 특히 건강정보

---

33 이 부분 성서 구절의 전후를 읽어보면 예수님이 여인의 건강정보를 "직접 노출" 하신 것이 아님을 알 수 있다. 다만 여인이 스스로 자신의 질병과 그 내력을 말한 것은 분명한데, 그것이 과연 예수님께서 "하게 하신" 것인지가 문제된다는 점에서 "노출케"라는 표현을 썼다.

를 대한 태도는 오늘날의 법과 기준에 비추어 보더라도 전혀 손색이 없다. 오히려 이런 성서적 관점은 인간의 생명과 건강을 다루는 의료인과 의료 과정에서 발생하는 건강정보를 경제적 수익의 수단으로 삼는 오늘날 헬스케어 산업 및 건강정보 빅 데이터로 무장한 글로벌 플랫폼 기업으로 하여금 의료와 건강정보의 본질을 성찰하게 한다.

V. 결론 : 의환관계의 회복

필자는 모두에서 "의사선생님"이라는 동어반복형 언어습관은 의사라는 직에 대한 존경심의 발로라는 의견을 피력하였다. 그런데 근자에 들어 "의사 양반"이란 호칭, "변호사 양반"이라는 말이 쓰이기도 하는데, 이때 "양반"이란 단어는 조선시대 반상(班常) 계급과는 거리가 먼 것으로서 언어의 부정적 사용의 한 예라 할 것이다. 오늘날 우리나라에서 대표적 전문가 집단으로 인정받을 뿐 아니라 선망 받는 직업인 의사와 법률가(변호사)는 조선시대 반상계급에서 보면 양반과 상민의 중간인 중인 계급이었다는 점에서 시대의 변화를 느낄 수 있다. 대학입시에서 자녀를 의사와 법률가로 만들기 위해 의과대학 또는 의학전문대학원이나 법학전문대학원 진학에 목을 매는 현실, 그것이 바로 우리나라 교육계의 현안이자, 부동산 정책에 직결되고 있다는 것은 매우 아이러니한 대목이 아닐 수 없다.

이런 언어의 타락은 의료, 의사직의 변화와 무관하지 않다. 의료, 의학, 의술은 하루가 다르게 발전하고 있다. 그런데 그 대상이 되는 환자는 고객에서, 이제는 데이터로 변화하고 있다. 목적적 존재에서 수단적/도구적 존재로 전락하고 있는 것이다. 환자가 데이터의 하나로 취급되고 만다면 눈부신 의료의 발전은 과연 누굴 위한 것인가라는 본질적 질문에 대답이 막힐 지도 모른다.

의료환경의 변화와 히포크라테스 정신의 부활 가능성

의료현장의 치열한 경쟁, 생명연장을 위해 인간의 존엄을 해치는 연구윤리 문제,[34] 인공지능(AI, Artificial Intelligence)의 의료행위(치료 및 간호/간병) 투입 문제,[35] 의료산업화 문제,[36] 영리병원 허용 문제 등 의료현장과 의학연구 분야에서 히포크라테스 정신과 멀어지면 멀어질수록 히포크라테스 정신의 필요성은 역으로 더욱 절실해지고 있다. 의료행위의 본질에 대한 성찰, 의료윤리 교육의 필요성이 강화되어야 한다는 목소리가 힘을 얻게 될 때, 성서에 나오는 예수님의 환자(병자)에 대한 태도에서 작지 않은 통

---

34 질병 치료와 건강 수명의 연장은 인간답게 살 권리(헌법 제34조 ①모든 국민은 인간다운 생활을 할 권리를 가진다)의 가장 중요한 내용이라고 할 수 있다. 그 점에서 질병치료를 목적으로 인간존엄을 해치는 배아줄기세포 연구를 허용해야 한다는 주장은 일종의 역설(paradox)이라고 하지 않을 수 없다.

35 AI의 일반적 문제로 거론되는 공리주의적 판단 기능은 인간과 인간의 생명을 지나치게 계량화한다는 점에서 전통적인 도덕주의, 인간존엄성과 충돌하고 있다.

36 특허법에서는 의료분야의 발명에 대해 특허권을 부여하는 데 매우 소극적이다. 이는 인간을 치료하는 방법에 대해 특허권을 부여하여 발명자에게 독점시킨다면 사람을 치료하는 행위가 타인의 특허권을 침해하는 경우가 발생할 수 있는데, 이는 휴머니즘에 반한다고 보기 때문이다. 이와 같은 특허법의 법리는 “나는 환자의 건강과 생명을 첫째로 생각하겠노라”라는 히포크라테스 정신의 끝자락을 잡고 안간힘을 쓰고 있는 것처럼 보인다. 의료산업을 통해 부를 창출하는 것을 경제의 중요한 성장엔진으로 삼는 입장에서는 의료산업화에 배치되는 특허법의 법리가 매우 거추장스러운 것이 될 것이다.

찰력을 발견할 수도 있을 것이다.

VI. 여론(餘論) - 철학, 의학, 법학, 신학의 만남

괴테의 대표작 『파우스트』에는 악의 화신 메피스토가 파우스트 박사로 분(粉)한 상태에서 제자가 되겠다고 찾아온 학생과 학문에 대한 대화를 하는 장면이 나온다.[37] 이 대화는 철학(논리학, 형이상학), 법학, 신학, 의학으로 이어진다. 학문에 대한 비판적인 내용이 주를 이루고 있는데, 이들 학문은 이른바 중세 시대 4대 학문이라는 것들이다. 구스타프 클림트(Gustav Klimt)가 그렸다가 교수들의 반발에 부딪쳐 철거되기도 했다는 4편의 대학 그림도 이 4대 학문에 대한 것이었고, 그 그림이 걸렸던 곳은 유럽에서 두 번째로 오래된 비엔나 대학이었다. 이 대학에는 지금도 거대한 건물의 네 모퉁이가 높은 탑(타워)으로 되어 있는데, 그 네 탑이 각기 철학, 법학, 의학, 신학을 상징한다고 한다.

2016년부터 시작된 생명윤리포럼은 우연히도 이 4대 학문을 전공으로 하는 이들로 구성되었고, 2018년의 주제는 인격(personhood)이었다. 각기 다른 눈으로 인간을 바라보는 이 4대 학문에서 인간에 대한 연구를 통합적으로 할 필요는 그 어떤 때보다 더욱 강해지고 있다. 인공지능(AI)의 출현과 도전으로 인간이란 무엇인지에 대한 존재론적 의문을 낳게 되었고, 맞춤형 유전체 연구자들 중에는 법으로 규제하지 않는다면 인간의 생명을 영원히 연장시킬 수 있다고까지 공공연히 말하기도 하는 시대다. 이처럼

---

37 요한 볼프강 폰 괴테/정서웅 역, 파우스트, (서울: 민음사, 1999), 102-111.

종래 인간에 대한 개념과 법적 정의는 안팎에서 도전을 받고 심한 혼란에 빠지고 있다. 인간을 대상으로 한다는 점에서 공통점을 갖고 있는 철학, 의학, 법학, 신학의 만남이 더욱 절실한 이유다.

〈단행본〉

애덤 태너(Adam Tanner), 김재용 · 김주연 · 이희영 역, 보건의료 빅 데이터로 영리를 추구하는 기업들(원제: Our Bodies, Our Data), 따비, 2019.

요한 볼프강 폰 괴테(정서웅 역), 파우스트 1, 파우스트, 민음사, 1999.

주호노, 의사법총론, 법문사, 2012.

〈논문〉

남형두, "건강정보 빅데이터와 프라이버시 침해 문제 – 내 몸의 주인은 누구인가?", 정보법학 제23권 제3호, 2019.12.

〈신문 기사 등〉

권오성, "미 빅 데이터 기업에 흘러간 한국 4300만명의 처방전", 한겨레 2016.7.18.자 기사.

양태경, "구글, 왜 또 이러나?... 환자 개인정보보호 침해 논란", AI타임스 2019.11.18.자 기사.

Carole Cadwalladr, Emma Graham–Harrison, "Revealed: 50 million Facebook profiles harvested for Cambridge Analytica in major data breach", The Guardian 17 Mar. 2018.

https://www.kca.go.kr/kca/sub.do?menukey=5355 (2019.12.30. 방문).

http://www.mrktcap.com/ (2021.1.3. 방문).

〈판결〉

헌법재판소 2007. 4. 26. 선고 2003헌바71 결정.

대법원 2004. 6. 24. 선고 2002도995 판결(보라매병원 사건).

대법원 2009. 5. 21. 선고 2009다17417 전원합의체 판결(김할머니 사건).

서울중앙지법 2020. 2. 14. 선고 2015고합665 · 752(병합) · 1115(병합) 판결.

Moore v, Regents of the University of California, 51 Cal, 3d 120 (1990).

성서 다니엘서로 본 기독인의 의학연구윤리

김옥주

I. 서론

다니엘서는 바빌론 포로기(605–538 B.C.)에 있었던 일을 기록한 것으로 이것은 유대민족이 커다란 어려움을 겪던 안티오커스 4세(Antiochus IV)의 유대인 박해 기간(167–164 B.C.) 동안에 쓰여진 것으로 여겨진다.[1] 유대인들이 강대국에게 핍박을 받는 상황에서 하나님이 그의 백성에 대해 끊임없는 보살피심과 하나님이 역사에서의 궁극적인 주권자이심을 재확인하는 글로서 기록되었다. 다니엘서 1장에는 인류 역사상 가장 오래된 임상연구가 기록되어 있다. 기원전 600년경 지금으로부터 2600여년전 바빌로니아에서 이루어진 이 연구는 사람을 대상으로 10일 동안 채식주의 식단과 왕실 바빌로니아 식단의 건강 효과를 비교하는 임상연구였다. 이 이야기는 특이하게도 400여년 후인 주전 2세기에 다니엘서에 기록되었다.

현대 임상 연구의 관점에서 볼 때에도 다니엘서 1장에 기록된 이 연구의 방법론 미래의 연구자들과 학생들에게 교육자료로 활용할 수 있는 좋은 연구로 여겨졌다.[2] 연구 시작 전부터 분명한 연구 목적과 연구기간을

---

1 Niskanen PV, Daniel, *in* New Collegeville Bible Commentary: Old Testament, ed., Daniel Durken (Minnesota: Liturgical Press, 2015), 853–855.

2 Grimes DA, Clinical research in ancient Babylon: methodologic insights from the book of Daniel, Obstet Gynecol 86, no. 6 (1995), 1031–1034. Weiss G, Comment on Clinical research in ancient Babylon: methodologic insights from the Book of Daniel, Obstet Gynecol 87, no.1 (1995). 156–158.
Ostbye T., & Rochon J., An early 'clinical trial' as a teaching exercise: the Book of Daniel 1.115 (1.1–20), Med Educ 27 no. 1 (1993), 97–101와 Neuhauser D., & Diaz M., Daniel: using the bible to teach quality improvement methods, Qual Saf Health Care, 13, no. 2 (2004), 153–5.

설정하고 실험군과 대조군을 비교하여 실험하였고, 미리 설정한 평가지표에 따라 평가하여 정책에 활용되었으며 그 결과가 출판되었기 때문이다. 연구방법론 뿐 아니라 의학연구윤리의 관점에서 분석을 해 보면, 이 연구는 21 세기에 활동하는 현대의 의학연구자들, 특히 다니엘과 같이 하나님을 경외하고 그 뜻대로 살고자 하는 기독인들에게 의학연구윤리에 대한 통찰을 제공해 준다. 이 글에서는 21세기의 임상연구윤리 원칙으로 미국의 생명윤리학자인 에제키엘 임마누엘 등이 제시한 내용으로[3] 다니엘서 1장에 기록된 임상연구를 분석하고 기독교 생명윤리에 입각하여 기독인의 의학연구윤리에 대해 논의하고자 한다.

II. 다니엘서 1장의 임상연구

1. 다니엘서 1장의 내용

먼저 다니엘서 1장의 내용을 살펴보자. 표1에 다니엘서1장 1절에서 21절 말씀을 새번역으로 제시하였다.

1절과 2절에는 기원전 605년 바빌로니아의 예루살렘 1차 침공을 기술한다.[4] 바빌론의 느부갓네살 왕이 예루살렘으로 쳐들어와서 성전 기물 일

---

3 Emanuel EJ., Wendler D. and Grady C., What makes clinical research ethical? JAMA, 283, no. 20, (2000), 2701–2711.

4 바빌론은 예루살렘을 B.C. 605년, B.C. 598년, B.C. 587년 세 차례에 걸쳐 침공하고 포로를 잡아갔다. 다니엘서에 관한 주석들은 다니엘서 1장 1절을 느부갓네살이 애굽 왕을 격퇴시키고 동맹국인 예루살렘을 쳐들어와서 예루살렘의 지도적 위치에 있던 시민들과 하나님의 성전 기물 가운데 일부를 가져간 것을 B.C. 605년의 일로 보고 있으나 B.C. 598년의 일로 보는 학자도 있다. 바빌론은

부를 가져가 바빌론 신의 보물 창고에 넣어 두었다. 그 뿐 아니라 왕은 이스라엘의 왕과 귀족의 자손 가운데서 외모와 지혜와 자질이 빼어난 자들을 바빌론에 데려가서 바빌론의 언어와 문화에 동화시켜서 왕궁에서 일하게 했다(3절–5절). 왕은 이들에게 왕궁에서 날마다 일정한 양을 정해서 음식과 포도주를 그들에게 공급해주면서 삼 년 동안 교육시킨 뒤에, 왕을 섬기게 하였다. 그들 가운데 있던 네 사람–다니엘서 이야기의 주인공인 다니엘과 하나냐와 미사엘과 아사랴가 6절에 등장한다. 바빌론의 환관장이 이들에게 바빌론 이름을 새로 지어, 다니엘은 벨드사살이라고 하고, 하나냐는 사드락이라고 하고, 미사엘은 메삭이라고 하고, 아사랴는 아벳느고라고 불렀다(7절).[5] 바빌론 사람들이 피정복자인 유다 사람들의 이름을 바꾼 것은 그들의 문화와 민족성을 없애고 바빌론 사람으로 동화시키기 위한 것이었다. 이들에게 부여된 바빌론 이름 자체는 바빌론의 신들을 언급하는 것으로서 이들의 야훼 신앙에 대한 도전이었다. 바빌론 포로시절 유대인들은 히브리 이름을 가지지만 당시 우세했던 언어와 문화의 이름도 같이 사용하는 상황을 보여준다.

바빌로니아의 왕궁에서 왕이 정해서 매일 주는 음식을 먹어야 하는 상황에서 다니엘은 왕이 내린 음식과 포도주로 자기를 더럽히지 않겠다고 결심을 하였다. 이것은 다니엘과 세친구들에게는 매우 중요한 문제였다. 모세의 율법에서 명한 정한 음식과 부정한 음식을 가려서 먹는 율법을 지

B.C. 587년에 마지막으로 예루살렘을 침공해서 성전을 무너뜨리고 포로를 잡아갔다. 다니엘 1장 21절은 538년 페르시아가 바빌론을 정복하여 페르시아의 고레스 왕이 바빌론의 포로된 유대인들을 유다로 돌아가게 했을 때를 말한다.

5 Niskanen PV, Daniel, 853–855.

키는 문제였다.[6] 그 뿐 아니라 우상에게 제물로 바쳐진 음식을 먹는 문제는 더욱 심각했을 터였다.[7] 유대인들에게 육식은 허용이 되나 몇몇 동물들만 금해지고, 술에 대해서는 율법이 없다. 그러나 고대 세계에서 고기와 술은 전형적으로 신들에게 제사를 지낼 때 드려지는 음식이었다. 이러한 음식을 먹는 것은 음식이 바쳐진 신들을 인정하는 것이었다. 이에 다니엘은 환관장에게 왕이 내린 음식과 포도주로 자기를 더럽히지 자기를 더럽히지 않을 수 있도록 해 달라고 간청하였다(8절). 환관장은 왕의 명령을 절대 복종하여 수행할 의무가 있으나, 다니엘에게 호의를 보이며 그의 요청을 즉시 거절하지 않고 그의 요청을 들어줄 경우에 자신에게 닥칠 위험성을 다음과 같이 지적하였다. "너희가 먹고 마실 것을 정해 주신 분은 나의 상전이신 임금님이시다. 임금님께서, 너희의 얼굴이 너희와 같은 나이의 젊은이들보다 더 상해 있는 것을 보시게 될까 두렵다. 그렇게 되면, 너희 때문에 내 목숨이 임금님 앞에서 위태롭게 될 것이다"(10절).

바로 이 지점에서 다니엘이 현대의 의학자들이 감탄하는 획기적인 사람 대상 연구를 제안하게 된다. 다니엘서 1장 11절에서 16절까지는 다니엘이 제안하여 이루어진 사람 대상 연구에 대해 기술한다. 17절부터 마지막 21절까지는 다니엘과 세 친구에게 주신 하나님의 지혜와 지식, 능력으로 바빌로니아에 있는 어떤 주술가보다도 뛰어난 지혜와 지식을 가지게 되어 바빌론 포로기간 동안 다니엘이 왕궁에서 일하게 됨을 알려준다. 이제 다니엘 1서의 임상연구를 자세히 살펴보자.

---

6 레위기 7장 22절–27절에 피와 기름을 먹지 말라는 명령과 레위기 11장 1절–47절에 기록된 부정하고 정한 것과 먹을 생물과 먹지 못할 생물을 분별한 것을 말한다.

7 Niskanen PV, Daniel, 853–855.

"다니엘서 1장 (새번역)"

1. 유다의 여호야김 왕이 왕위에 오른 지 삼 년이 되는 해에, 바빌로니아의 느부갓네살 왕이 예루살렘으로 쳐들어와서 성을 포위하였다.
2. 주님께서 유다의 여호야김 왕과 하나님의 성전 기물 가운데서 일부를 느부갓네살의 손에 넘겨 주셨다. 그는 그것들을 바빌로니아 땅, 자기가 섬기는 신의 신전으로 가지고 가서 그 신의 보물 창고에 넣어 두었다.
3. 그 때에 왕은 아스부나스 환관장에게 명령하여, 이스라엘 백성, 특히 왕과 귀족의 자손 가운데서,
4. 몸에 흠이 없고, 용모가 잘생기고, 모든 일을 지혜롭게 처리할 수 있으며, 지식이 있고, 통찰력이 있고, 왕궁에서 왕을 모실 능력이 있는 소년들을 데려오게 하여서, 그들에게 바빌로니아의 언어와 문학을 가르치게 하였다.
5. 또한 왕은 왕궁에서 날마다 일정한 양을 정해서 음식과 포도주를 그들에게 공급하도록 해주면서, 삼 년 동안 교육시킨 뒤에, 왕을 모시도록 하였다.
6. 그들 가운데는 유다 사람인 다니엘과 하나냐와 미사엘과 아사랴가 있었다.
7. 환관장이 그들에게 이름을 새로 지어 주었는데, 다니엘은 벨드사살이라고 하고, 하나냐는 사드락이라고 하고, 미사엘은 메삭이라고 하고, 아사랴는 아벳느고라고 하였다.
8. 다니엘은 왕이 내린 음식과 포도주로 자기를 더럽히지 않겠다고 마음을 먹고, 환관장에게 자기를 더럽히지 않을 수 있도록 해 달라고 간청하였다.

9. 하나님은 다니엘이 환관장에게서 호의와 동정을 받도록 해주셨다.

10. 환관장이 다니엘에게 말하였다. “너희가 먹고 마실 것을 정해 주신 분은 나의 상전이신 임금님이시다. 임금님께서, 너희의 얼굴이 너희와 같은 나이의 젊은이들보다 더 상해 있는 것을 보시게 될까 두렵다. 그렇게 되면, 너희 때문에 내 목숨이 임금님 앞에서 위태롭게 될 것이다.”

11. 다니엘은 감독관에게로 갔다. 그 감독관은 환관장이 임명한 사람으로서, 다니엘과 하나냐와 미사엘과 아사랴를 감독하는 일을 맡은 사람이다. 다니엘이 그 감독관에게 요청하였다.

12. “부디 이 종들을 열흘 동안만 시험하여 보시기 바랍니다. 우리에게 채소를 주어 먹게 하고, 물을 주어 마시게 하여 보시기 바랍니다.

13. 그런 다음에, 우리의 얼굴빛과 왕이 내린 음식을 먹는 젊은이들의 얼굴빛을 비교하여 보시고, 이 종들의 요청을 처리하여 주시기 바랍니다.”

14. 그래서 감독관은 그 말을 따라서, 열흘 동안 시험해 보았다.

15. 열흘이 지났을 때에 보니, 그들의 얼굴빛이 왕이 내린 음식을 먹은 젊은이들의 얼굴빛보다 좋고 건강하여 보였다.

16. 감독관은 그들에게 지정된 음식과 마실 포도주를 주지 않고, 채소를 계속 주어서 먹게 하였다.

17. 하나님은 이 네 젊은이들이 지식을 얻게 하시고, 문학과 학문에 능통하게 하셨다. 그 밖에도 다니엘에게는 환상과 온갖 꿈을 해석하는 능력까지 주셨다.

18. 왕이 정하여 놓은 삼 년 동안의 교육이 끝나는 날, 환관장은 교육을 받은 젊은이들을 모두 느부갓네살 앞으로 데리고 갔다.

19. 왕이 그들과 말하여 보니, 그들 가운데서 다니엘과 하나냐와 미사엘과 아사랴가 가장 뛰어났으므로, 그들로 왕을 모시게 하였다.
20. 왕은 그들에게 온갖 지혜나 지식에 관한 문제를 물어 보고서, 그들이 전국에 있는 어떤 마술사나 주술가보다도, 열 배는 더 낫다는 것을 알았다.
21. 다니엘은 고레스 왕 일년까지 왕궁에 머물러 있었다.

2. 다니엘서 1장의 임상연구

위에 기술한 다니엘서의 이야기를 현대 임상 연구의 관점에서 연구의 여러가지 요소들을 하나하나 검토해 보자.[8]

가. 연구의 배경

바빌론에게 포로로 잡혀간 다니엘은 왕궁에서 왕이 내려준 음식으로 더럽히지 않기로 결심을 하고 총책임자인 아스부나스 환관장에게 왕이 내린 음식과 포도주로 자기를 더럽히지 않을 수 있게 해 달라는 간청을 하였다. 환관장은 이 부탁을 들어주면 이들이 왕이 내린 음식을 먹은 젊은이들에 비해 얼굴이 많이 상해 있을 것이고 이것을 왕이 보면 자신의 목숨이 위태롭게 될 것이라는 우려를 하였다. 그의 우려는 정당한 것이었다. 다니엘은 환관장의 입장에 서서 관리책임자로서 그가 처한 상황을 파악하고 이 상황을 뛰어넘어 어떻게 자신의 결심을 지켜나갈 수 있을 지에 대한 매우

8 Grimes DA, Clinical research in ancient Babylon: methodologic insights from the book of Daniel, Neuhauser D, & Diaz M, Daniel: using the bible to teach quality improvement methods.

창조적이고 획기적인 방안을 모색하였다. 그것은 현대적인 개념으로 보면 임상시험이었다.

다니엘은 총책임자인 환관장에게는 공손히 부탁해 놓고는 실제로 자신과 세친구에 대한 감독을 맡은 감독관에게 가서 "우리를 시험해 보라"고 하며 사람을 대상으로 하는 연구를 제안했다. 환관장의 우려–"왕이 내린 음식을 먹지 않으면 먹은 사람들에 비해 얼굴이 많이 상할 것이다"에 대해 실제로 그러한 지를 사람을 대상으로 하는 체계적인 조사, 즉 연구를 통해 알아보자고 제안한 것이다.

나. 연구목적

연구 목적은 바빌론의 왕궁에 있는 이스라엘 소년들이 건강을 증진시키기 위해서 왕이 내려준 음식과 술이 더 좋은 지 채식과 물이 더 좋은지를 알아보는 것이다. 여기서 채식은 씨를 뿌려서 거두는 모든 종류의 곡식과 식물을 지칭하는 것이지, 채소를 지칭하는 것은 아니다.[9]

다. 연구 기간

연구기간은 10일이다.

---

9 새번역 성서에서는 다니엘서 1장 12절에 "우리에게 채소를 주어 먹게 하고"로 번역되어 있어 다니엘에게 주어진 음식이 채소 또는 야채로 생각하기 쉽다. 킹제임스 성경(The King James Version)에는 다니엘서 1장 12절이 "let them give us pulse to eat"으로 번역되어 있다. 펄스(pulse)는 보통 콩, 콩, 깍지 속에서 자라는 씨앗을 의미한다. 씨앗을 뿌려서 나는 식물성의 음식을 의미하는 것으로 보면 될 것이다.

라. 연구대상자

연구대상자는 이스라엘 백성, 특히 왕과 귀족의 자손 가운데서, 몸에 흠이 없고, 용모가 잘생기고, 모든 일을 지혜롭게 처리할 수 있으며, 지식이 있고, 통찰력이 있고, 바빌론 왕궁에서 왕을 모실 능력이 있는 소년들이다. 이들 중 다니엘과 세 친구들은 시험군에 배정되고 나머지는 대조군이다.

마. 연구설계 및 연구방법

연구대상자 중에서 시험군인 4명의 소년들에게 열흘 동안 채소를 주어 먹게 하고, 물을 주어 마시게 하고 대조군은 왕의 음식과 술을 먹고 마시게 한 뒤에 10일 후에 실험군과 대조군의 얼굴빛을 비교하여 본다.

바. 평가변수

시험군과 대조군의 얼굴빛 등 건강 향상이 몸으로 드러난 외모이다.

사. 연구책임자 및 평가자

임상시험책임자 및 평가자는 감독관이다. 감독관이 다니엘의 말을 따라서, 열흘 동안 시험해 보았다. 감독관은 환관장에게 말했을 수도 있고 안 했을 수도 있다. 만일 그가 환관장에게 말하고 승인을 얻어 수행한 것이라면 환관장이 연구책임자가 될 수 있다.

열흘이 지났을 때 평가한 사람도 감독관이었다.

아. 연구 결과

열흘이 지났을 때에 평가하여 보니, 시험군 4명의 얼굴빛이 대조군인 왕이 내린 음식을 먹은 젊은이들의 얼굴빛보다 좋고 건강하여 보였다. 2600여년 전에 수행된 이 연구결과는 400여년이 지난 2200년경에 다니엘서에 발표되었다.

자. 연구결과의 활용

시험 결과를 바탕으로 감독관은 이후 시험군이었던 다니엘과 세 친구들에게 왕에 의해 지정된 음식과 마실 포도주를 주지 않고, 채식을 계속 주어서 먹게 하였다.

왕이 정하여 놓은 삼 년 동안의 교육이 끝나는 날, 환관장은 시험군과 대조군의 모든 사람들, 즉 교육을 받은 젊은이들이 모두 왕 앞에 갔는데, 시험군이었던 다니엘과 하나냐와 미사엘과 아사랴가 지혜와 지식에 있어서 가장 뛰어났고 전국에 있는 어떤 마술사나 주술가보다도 열 배는 더 나았다.

III. 21세기 의학연구윤리로 본 다니엘서의 연구

1. 임상연구의 윤리 원칙

인간을 대상으로 하는 의학연구의 윤리에 대한 논의가 국제적으로 처음 이루어진 것은 20세기 중반 이차 세계대전 직후 뉘른베르크 전범 재판이었다. 나치 독일 의사들이 사람에게 자행한 의학 연구에 대한 재판 과정을 통해 윤리적인 의학연구의 원칙은 무엇인지에 대한 국제적인 논의가 비로소 이루어지게 되었다. 재판의 최종판결문의 일부로 1947년 "허용가능한 의학연구"라는 제목의 10개 조항으로 된 뉘른베르크 강령이 최초의 국제적인 의학연구 윤리 지침이다. 그 이후 20세기 후반기에는 세계의사회에 헬싱키 선언, 미국 국가위원회에 의한 벨몬트 선언 등 의학연구윤리에 대한 여러 국제 지침들이 제정되었다. 그러나 이들 국제 지침과 강령들은 시기적으로 제기된 문제들에 대해 대응하는 형식을 띄었기에 포괄적이지 않고 정합적이지 않아서 2000년 미국 국립보건원의 임상윤리센터의 에제키엘 임마누엘과 그의 동료들이 미국의사학회지에 필수적이고 보편적인 임상연구윤리의 원칙을 7가지로 제시하였다.[10] 이들은 2008년 임상연구윤리에 관한 방대한 교과서를 편찬을 했는데 2000년도의 논문을 발전시켜서 "생명의학연구의 윤리적 프레임워크"라는 장으로 교과서에 실으면서 윤리 원칙을 하나를 추가하여 8개로 제시하였다.[11] 표1은 에제키엘 임마누엘 등이 제시한 8개의 원칙을 정리한 것이다.

임상연구를 윤리적으로 만드는 8가지 원칙으로 1. 협력적 파트너쉽 2. 사회적 가치 3. 과학적 타당성 4. 공정한 참여자 선정 5. 유리한 위험-이득 비율 6. 독립적인 검토 7. 사전 동의 8. 연구 참여자 존중을 제시하였다. 이들의 주장에 따르면 이 여덟 가지 일반적인 윤리원칙은 사람을 대상으로 하는 연구에서 필수적이며 충분하고, 보편적이다. 임상연구가 이루어지는 경제적, 문화적, 기술적 조건에 맞게 적용되어야 하지만, 이 원칙들은 구현되어야 한다.

---

10 Emanuel EJ., Wendler D. and Grady C, What makes clinical research ethical?.

11 Emanuel, Ezekiel J., Wendler D. and Grady C. An Ethical Framework for Biomedical Research, *in* The Oxford textbook of clinical research ethics. _eds_. Emanuel, Ezekiel J., et al. (NY: Oxford University Press, 2009), 123–135.

표 1. 윤리적 임상 연구의 원칙[12]

1. 협력적 파트너십 - 연구참여자 공동체와 연구를 함께 계획하고 수행하고 결과를 전파하며 연구 결과를 활용하여 건강을 개선하는 데 책임을 공유하고 연구의 혜택을 공유한다.
2. 사회적 가치 - 연구로부터 건강 향상 또는 지식의 향상과 같은 사회적 가치가 도출되어야 한다.
3. 과학적 타당성 - 연구는 방법론적으로 엄격해야 한다. 연구의 목표를 달성할 수 있어야 한다. 건강 증진과 관련해서 연구결과가 해석가능하고 유용해야 한다.
4. 공정한 참여자 선정 - 취약성이나 특권이 아닌 과학적인 목표와 위험과 이익의 잠재성과 분배에 의해 참여자를 선정해야 한다. 연구가 과학적 규범을 준수하고 유효하고 신뢰할 수 있는 데이터를 생성할 수 있도록 연구 집단이 선정되어야 한다.
5. 유리한 위험-이득 비율 - 위험을 최소화하고 이득을 최대화해야 한다. 개인과 사회를 위해 얻은 지식에 대한 잠재적 이득은 위험을 능가해야 한다. 위험과 이득을 비교할 때, 개별 참여자에 대한 잠재적 혜택이 위험보다 커야 한다. 그렇지 않은 경우에는, 연구에서 얻어지는 지식이라는 사회의 이익은 개별 참가자의 위험을 정당화해야 한다.
6. 독립적인 검토 - 독립적이고 유능한 심사 기구가 연구를 사전에 검토하고 승인, 수정하고 감독한다.
7. 사전 동의 - 연구참가자 개인에게 연구에 대한 정보가 제공되고 연구 참여자의 자발적인 동의를 받고 연구가 수행되어야 한다.
8. 연구 참여자 존중 - 참여자는 사생활과 기밀에 대해 보호를 받아야 하고 언제든 연구 참여를 철회할 수 있어야 하며, 연구참여자의 건강과 안녕은 모니터링되어야 한다.

---

12 Emanuel EJ., Wendler D. and Grady C., What makes clinical research ethical?. Emanuel, Ezekiel J., Wendler D. and Grady C., An Ethical Framework for Biomedical Research.

이 여덟 가지 일반적인 윤리원칙은 필수적이며 충분하고, 보편적이다. 임상연구가 이루어지는 경제적, 문화적, 기술적 조건에 맞게 적용되어야 하지만, 이 원칙들은 구현되어야 한다.

2. 임상연구의 윤리 원칙과 다니엘서의 연구

이제 다니엘서 1장에서 기술된 인간대상연구가 21세기의 윤리적 원칙들에 부합하는지를 살펴보기로 하자. 이 여덟 개의 원칙들은 연구의 계획을 하는 초기 단계부터 마지막까지 연구의 시간적 논리적 순서에 따라 배치되었다. 따라서 첫번째 원칙부터 살펴보기로 한다.

가. 협력적 파트너십

21세기에 새로 등장한 임상연구 윤리의 원칙은 연구참여자와의 협력적 파트너십이다. 인간대상연구를 윤리적으로 만드는 가장 첫번째 단계는 연구참여자 공동체와 연구를 함께 계획하고 수행하는 것이다. 또한 함께 연구 결과를 전파하며 이를 활용하여 건강을 개선하도록 책임과 혜택을 공유하는 것이다.

연구에 참여하는 연구참여자는 더 이상 피동적으로 당하는 피험자가 아니다. 2차세계대전부터 1970년대에 이르기까지 비인간적인 연구에 문맹이거나 가난하여 자기를 보호하지 못하는 취약한 사람들이 연구인지도 모르고 연구대상이 되어 착취를 당하는 경우가 많았다. 이에 미국에서는 이들을 보호하기 위한 법률을 만들면서 인간대상 연구에 참여하는 사람을 미국 법률에서 '인간피험자(human subject)'라고 지칭하였다. 그러나 세계적인 추세는 연구 참여에 능동성과 협력성을 고려하여 "연구참여자(research participant)"라고 부르는 것이 보다 일반화되고 있다.[13] 20세기 말에 올수록 인간대상 연구가 가져다 주는 이익과 혜택이 분명해졌고, 21세기에는 난치병 · 불치병 환자들과 가족들이 기금을 모으고 국회에 청원을 하여 연구비를 국가에서 지원받도록 하는 등, 연구를 조직하고 능동적으로 참여하는 일들이 드물지 않게 되었다.

다니엘서의 연구에서는 다니엘이 연구를 계획하여 제안했으며, 연구참여자인 다니엘과 세 친구가 연구의 수행에 적극 참여했다. 또한, 연구 결과를 활용하여 하나님 앞에서 몸을 더럽히지 않으려는 다니엘과 세 친구의 가치가 존중받고 건강을 개선하게 되는 연구의 혜택을 공유하게 되었다.

나. 사회적 가치

임상 연구의 윤리적 측면에서 먼저 고려가 되어야 할 것은 사회적인 가치이다. 연구는 사회적 자원이 들어가며 무엇보다도 사람을 대상으로 하는 연구는 연구참여자를 수단으로 하여 지식을 도출하는 것이므로 그 연구로부터 건강 향상 또는 지식의 향상과 같은 사회적 가치가 생산되어야 한다. 사회적으로 가치가 없는 연구는 허용이 되어서는 안될 것이다.

다니엘서의 연구는 건강 증진을 위해 왕이 제공하는 음식과 술이 더 나은지 채식과 물이 더 나은지를 알아보는 것이다. 연구를 통해 나온 결과로 우상에게 바쳐진 왕의 음식으로 자신의 몸을 더럽히지 않으려는 다니엘과 세 친구의 가치가 존중받고 실천되었으므로 사회적인 가치가 있는 연구였다. 또한 이 연구 내용이 다니엘서에 기록되어 널리 알려졌기 때문에, 다

---

13 2013년에 전면 개정된 한국의 생명윤리 및 안전에 관한 법률에서는 '연구대상자'라고 지칭한다.

니엘과 세 친구가 자신의 신앙과 신념에 반하는 음식을 먹지 않고 용기와 지혜로서 어려움을 타개하여 믿음을 지켜낸 모범을 보여주어 후세에까지 전해지는 종교적 · 영적인 가치를 지닌다.

다. 과학적 타당성

21세기 임상연구윤리의 중요한 원칙은 과학적 타당성이다. 비과학적 연구는 비윤리적이다. 타당하지 않은 연구방법을 사용하는 비과학적 연구에서는 사회적 가치가 있는 연구결과가 도출되지 못하기 때문에, 그러한 연구에 사람을 참여시켜 연구하는 것은 비윤리적이다. 인간대상연구는 연구의 목표를 달성할 수 있도록 방법론적으로 엄격해야 한다. 또한 건강 증진과 관련해서 연구결과가 해석 가능해야 하고 유용해야 한다.

다니엘서의 연구는 연구목적이 바빌론의 왕궁에 있는 이스라엘 소년들이 건강을 증진시키기 위해서 왕이 내려준 음식과 술이 더 좋은 지 채식과 물이 더 좋은지를 알아보는 것이다. 이를 위해 사용된 연구 방법은 시험군과 대조군을 두어 각기 중재(intervention)을 하는 대조실험(controlled experiment)이었다. 연구대상자 중에서 시험군인 4명의 소년들에게 열흘 동안 채식과 물을 먹게 하고, 대조군은 왕의 음식과 술을 먹고 마시게 한 뒤에 10일 후에 실험군과 대조군의 건강 상태를 비교하여 보는 연구 설계였다. 현대의 의학자들이 다니엘서의 연구가 현대 임상연구방법에 대해 교육자료로 쓰일 만한 가치를 지녔다고 본 핵심은 이 연구가 임상시험에서 대조군과 시험군을 나누어 중재를 하는 연구방법을 채택했기 때문이다.[14]

14 Ostbye T., Rochon J., An early 'clinical trial' as a teaching exercise: the Book of Daniel 1.1–15 (1.1–20)

과학적 타당성을 위해 대조군과 시험군을 동전던지기와 같은 우연에 의한 방법으로 배정하는 무작위 배정 방법(randomization)이나 우연에 의한 결과를 배제하기 위해 통계적 유의미성을 검정하고 검정력을 지니는 피험자 수를 산출방법 등은 20세기에 들어와서 확립된 방법이므로 다니엘의 연구에 직접 적용하기는 어렵다.[15]

라. 공정한 참여자 선정

20세기에 발전된 임상연구윤리는 취약한 피험자에 대한 착취의 역사에 대한 반성에서 비롯된 것이다. 나치 독일 의사들의 포로를 이용한 연구나, 일본 731부대에 의해 마루타(통나무)라고 불리는 특수이송된 수감자를 대상으로 하는 연구, 미국 연방정부 의사들에 의한 알라바마 주 터스키기 지역의 가난하고 문맹인 흑인 노동자를 대상으로 하는 연구들을 보면 피험자들의 취약성을 이용해서 연구자들이 연구에 이들을 이용하고 착취한 것이었다. 이러한 비윤리적인 연구에 대한 역사적 경험에서 공정한 연구 참여자의 선정이 인간대상 의학연구의 중요한 원칙으로 세워졌다. 그러나 1980년대를 거치면서 의학연구가 위험하고 취약한 피험자를 착취하는 것이라는 개념으로부터 이득을 제공하는 기회로 개념이 점차 변화하게 되었다. 1980년대 에이즈 환자를 대상으로 신약의 효용성을 검증하는 지도부딘 임상시험 이래 의학연구 참여를 하는 것은 불치병 · 난치병에 대한 첨단치료제를 접할 수 있어 생명을 구할 수 있는 유일한 기회가 되기도 한다. 따라서 사회적으로 인정받고 권력을 가진 사람들이 연구에 참여하여

---

15 Neuhauser D., Diaz M., Daniel: using the bible to teach quality improvement methods.

이익을 독점하고 그렇지 않은 사람은 연구의 이익을 얻지 못하게 될 수 있는 상황에 대해 우려가 생기게 되었다.

따라서 공정한 참여자의 선정은 현대 임상 연구윤리에서 매우 중요한 원칙이 되었다. 취약성이나 특권이 아닌 과학적인 목표와 위험과 이익의 잠재성과 분배에 의해 참여자를 선정해야 한다. 연구참여자의 선정은 과학적인 이유에서, 즉 연구가 과학적 규범을 준수하고 유효하고 신뢰할 수 있는 데이터를 생성할 수 있도록 이루어져야 한다. 이는 연구의 위험과 이익을 정의롭게 분배하기 위한 정의의 원칙을 구현하기 위해서 필요하다.

다니엘서의 연구는 시험군으로 다니엘과 세 친구였으며 대조군으로 다른 유대 소년들이었다. 기본적으로 바빌론에 포로로 잡혀와 있는 유대 소년들을 대상으로 하는 연구라는 점에서 취약한 피험자라는 지적이 있을 수 있다.[16] 취약한 피험자의 선정이 정당화되는 경우는 이 집단에게 이득이 되는 연구이며, 과학적인 이유로 이 취약한 집단의 선정이 필수적인 경우이다. 이 연구는 왕궁에 있는 이스라엘 소년들이 건강을 증진시키기 위한 연구로서, 왕궁에서 왕이 정한 음식을 먹어야 하는 이들의 처한 조건 때문에 이 연구가 이루어지는 것이므로 이 연구대상 집단의 참여가 연구 목적의 달성을 위해 필수적인 것이다. 뿐만 아니라 이 연구의 결과를 적용하여 시험군인 다니엘과 세 친구에게 이득을 줄 수 있는 연구이므로 공정한 참여자 선정의 조건을 만족시킨다.

---

16 ibid.

마. 유리한 위험-이득 비율

전형적인 임상 연구는 새로운 치료제나 진단, 예방법 등이 안전하고 효과적인지를 알기 위해서 사람을 대상으로 체계적으로 조사하는 것이다. 현재 규제당국에서 시판을 허용한 신약과 의료기기, 백신 등은 모두 이러한 인간대상 연구를 통해 안전성과 유효성이 입증된 것들이다. 신약이 개발되어 여러 차례의 임상연구를 거치는 동안 최종적인 승인에 이르는 것은 10퍼센트도 안되는 것으로 알려져 있다. 즉 새로운 치료법이 안전한지, 효과적인지 알지 못하기 때문에 안전성과 유효성을 검증하기 위해 연구하는 것이므로, 임상연구에 참여하는 사람들은 안전하지 않거나 효과적이지 않은 시험약에 노출될 수 있다. 임상 연구는 연구참여자들은 위한 것이 아니라 가설 검증 등 지식을 생산하는 것이 목적이므로 연구참여자들이 위험에 노출될 수 있다. 이렇듯 위험할 수 있는 연구를 할 때에는 위험보다 이득이 상회할 때에만 연구를 수행하는 것이 정당화된다. 개인과 사회를 위해 얻어질 지식에 대한 잠재적 이득은 위험을 능가해야 한다. 인간대상연구에서 위험을 평가하고 이득을 평가하여 개별 참여자에 대한 잠재적 혜택이 위험보다 커야 한다. 그렇지 않은 경우에는, 연구에서 얻어지는 지식이라는 사회의 이익은 개별 참가자의 위험을 정당화해야 한다. 유리한 위험-이득 비율이라는 원칙에 의해 연구의 위험을 최소화하고 이득을 최대화해야 한다. 이는 선행의 원칙과 해악금지의 원칙을 구현하기 위한 것이다.

다니엘서의 연구는 바빌론의 왕궁에 있는 이스라엘 소년들이 건강을 증진시키기 위해서 왕이 내려준 음식과 술이 더 좋은 지 채식과 물이 더 좋은지를 알아보는 것이었다. 음식과 음료를 두 가지로 나누어 참여자들에게 10일간 제공하고 이의 건강에 미치는 영향을 비교 평가하는 것으로 연구를 위한 중재는 두 가지 다른 음식이므로 연구의 위험성은 크지 않은 것이다. 그러나 이 연구 수행을 위해 왕이 명령하여 먹으라고 매일 일정량을 정해서 주는 음식을 거부하고 다른 음식을 먹는다는 것이 왕의 귀에 들어갈 경우에 환관장과 감독관은 목숨이 위태로울 수도 있고, 이 연구에 자발적으로 참여한 다니엘과 세 친구들도 위험해질 수 있었다. 느부갓네살 왕은 유다 왕 시드기아가 보는 앞에서 시드기야의 아들들을 죽이고 시드기야의 두 눈을 빼고 놋사슬로 그를 결박하여 바벨론으로 잡아갈 정도로 잔인한 왕이었다.[17] 하나님의 율법을 지키고 우상에게 바쳐진 음식으로 더럽히지 않기로 작정한 다니엘에게는 이러한 위험 보다는 연구로 얻는 이득이 클 것이다. 연구를 수행하는 감독관이 이 연구를 환관장에게 보고했는지는 알 수 없으나, 왕이 알지 못하도록 연구의 기밀을 잘 유지함으로써 연구의 위험을 최소화했다고 볼 수 있다.

바. 독립적인 검토

현대 사회에서는 인간대상연구는 연구를 수행하기 전에 독립적인 심의기구에 의해 윤리적 적합성을 검토하고 승인을 받은 연구만 수행될 수 있다. 연구윤리심의제도는 연구참여자의 권리 · 안전 · 복지를 위해 1970년대에 미국에서 도입이 되었으며, 현재 국제적으로 인간대상연구를 수행하기 위한 필수조건이다. 이는 연구자의 이해상충의 문제를 관리하고 연구의 사회적 책임성을 유지하기 위해 만들어진 제도이다. 따라서 인간대상연구를 심의하는 위원회는 연구에 대한 이해관계가 없어야 하며, 해당 연구 분야에 종사하지 않는 인사와 연구기관에 속하지 않은 외부 인사가 반

17 예레미야 64장.

드시 참여하여 검토하여야 한다. 연구자는 연구를 수행함으로써 얻는 이득이 있기 때문에, 연구자로부터 독립된 심의위원회가 연구계획을 검토하고 수정을 조언을 하고 최종적으로 승인할 뿐 아니라 연구를 종료할 때까지 연구의 윤리성을 감독을 하도록 되어있다. 2600여년 전에는 이러한 제도가 없었기 때문에 다니엘서의 연구는 이에는 해당되지 않는다.

독립적인 검토의 정신이 연구자가 연구에 대해 가지는 이해상충을 관리하며 공정한 연구의 책임을 다하기 위한 것이라고 하면, 다니엘의 연구에서는 독립적인 심의기구는 없었지만, 연구자인 감독관이 연구에 대해 가지는 직접적인 이해가 없었고, 최종 평가자는 왕이 되므로 연구를 객관적이고 공정하게 수행하고 평가를 해야 하는 절박한 필요가 있었다. 따라서 연구자의 이해 상충의 관리와 공정한 연구수행을 위한 사회적 책임은 어느 정도 이루어진 것으로 볼 수 있다.

사. 사전 동의

1947년에 제정된 최초의 국제 의학연구지침인 뉘른베르크 강령은 인간대상연구 윤리의 가장 중요한 윤리원칙은 연구참여자의 자발적인 동의라고 명시하였다. 잠재적인 연구참여자가 자유로운 결정을 내릴 수 있는 조건을 갖춘 상황에서, 즉 강제가 없는 상황에서, 연구에 대한 정보를 제공받고 이해하며, 이 연구가 자신의 가치와 상황에 미치는 영향을 평가할 수 있고, 자유로운 자신의 의지에 따라, 연구에 참여하기를 결정하거나 거부할 수 있어야 하는 것이 현대 임상 연구윤리의 가장 중요한 원칙 중의 하나이다. 이는 인간 존중의 원칙과 자율성 존중의 원칙을 구현하기 위함이다.

다니엘은 연구의 방법과 내용을 제시한 사람으로서 연구에 참여한 연구참여자이기도 하다. 그와 그의 세 친구는 비록 바빌론의 포로이긴 하지만 연구 내용을 충분히 알고 자발적으로 참여하기로 결정하였음을 알 수 있다. 단 왕의 음식을 먹는 대조군의 경우 연구참여를 알고 이에 동의하는 절차를 밟지는 않았을 것이다. 독립적인 검토와 사전 동의는 20세기 후반기에 인간대상연구의 중요한 절차적 정의로서 자리잡은 것으로 다니엘 시대에는 존재하지 않았다.

아. 연구 참여자 존중

연구에 참여한 참여자는 연구 도중 사생활과 기밀에 대해 보호를 받아야 하고 연구에 참여했다고 할 지라도 도중에 언제든지 연구 참여를 철회할 수 있어야 한다. 또한 연구 도중에 때로는 연구가 종료된 다음에도 연구참여자의 건강과 안녕은 모니터링되어야 한다.

다니엘서의 연구에서 연구참여자 존중이 어떻게 이루어졌는지는 자세히 나와있지는 않다. 그러나 감독관이 10일간 연구를 마친 후 연구 결과에 따라 다니엘과 세 친구에게 왕이 내려준 음식과 술이 아닌 채식과 물을 준 것을 보면 연구참여자들이 존중을 받았음을 추론해 볼 수 있다.

현대의 사람을 대상으로 하는 의학연구의 윤리는 20세기 후반기에 국제적으로 정립된 내용이며, 다니엘서의 연구는 2600년 전 바빌로니아에서 이루어진 것이므로 현대의 시각으로 볼 때 다니엘서의 연구는 현대의 임상연구에서 요구하는 과학성과 윤리성의 정교한 요구들을 만족시키는 것은 아니다.[18] 여러 연구가 지적했듯이, 다니엘 이후에 임상연구의 방법

---

18 Grimes, D.A. (1995). Clinical research in ancient Babylon: methodologic insights from the book of Daniel. Obstet Gynecol, 86(6), 1031–4. Ostbye T, & Rochon J. (1993). An early 'clinical trial' as a teaching exercise: the Book of Daniel 1.1–15 (1.1–20). Med Educ 27(1), 97–101와 Neuhauser D, & Diaz

론이 발전된 것은 18세기 이후, 특히 20세기에 들어와서 발전되었으며, 임상연구윤리는 이차세계대전 이후에 발전된 것이므로 다니엘서의 연구는 정교한 20세기 임상연구 윤리를 다 만족시키는 것은 아니다. 무엇보다도 다니엘서 1장 12절에서 16절까지 간략하게 기술되어 있는 내용으로는 정확한 연구의 내용을 다 파악하기 어렵고, 따라서 이 연구를 오늘 날 재현하기도 불가능하다. 그러나 위에서 21세기의 인간대상 의학연구윤리의 원칙들을 하나하나 살펴 본 바와 같이 다니엘서에 기록된 연구는 일반적으로 보면 의학연구윤리의 원칙들에 부합된다고 볼 수 있다. 2600년전에 이루어진 다니엘의 연구는 큰 시간적 간격이 존재함에도 불구하고 의학연구의 윤리원칙들을 본질적으로 구현하는 것으로 볼 수 있다.

IV. 다니엘서로 본 기독인의 의학연구윤리

다니엘서의 연구는 현대 세속 세계에서의 의학연구윤리를 만족시킬 뿐 아니라 기독인들에게 예수께서 가르치신 성경의 핵심인 하나님 사랑과 이웃 사랑의 구현이 기독인의 의학연구윤리의 핵심임을 보여준다.

M. (2004). Daniel: using the bible to teach quality improvement methods. Qual Saf Health Care. 13(2), 153–5에서는 현대 임상연구 방법론의 기준으로 다니엘서 연구의 부족한 점을 지적하고 있다.

1. 기독교적 관점에서 본 생명윤리

길버트 메일렌더와[19] 정종훈은[20] 기독교적 관점에서 본 생명윤리는 하나님과의 관계성이 핵심이라고 말한다. 세속적인 생명윤리는 인간과 인간, 인간과 다른 생명, 인간과 자연에 대한 관계를 바탕으로 윤리를 논의한다. 반면, 기독교적인 생명윤리는 창조주 하나님과의 관계에서 인간과 자연을 바라보며 하나님과의 관계에서 생명을 인식하며 이웃과 세계와의 관계를 정립하고 그 안에서 옳고 그름, 선과 악을 논의한다. 길버트 메일렌더에 의하면, "우리의 존재는 전부가 하나님께만 속해 있다. 우리의 개별성은 인격적 성취나 능력이 아니라 정말 놀랍게도 하나님과의 연합을 통해서만 세워진다."[21] 이렇게 하나님께 부르심을 받은 삶은 사람들의 공동체에의 부르심을 받은 것이며, 다른 지체의 짐을 지도록 부르심을 받았다.

정종훈은 기독교적인 생명의료윤리의 근거와 방향으로서 예수께서 직접 하신 말씀을 중심으로 사랑과 정의, 평화와 풍성한 삶을 지향하며 기독교적인 생명의료윤리의 근거와 방향을 찾을 것을 제안하였다. 예수께서 율법 가운데 어느 계명이 크냐고 질문한 어느 율법사에게 "네 마음을 다하고 목숨을 다하고 뜻을 다하여 주 너의 하나님을 사랑하라 하셨으니 이것이 크고 첫째 되는 계명이요 둘째도 그와 같으니 네 이웃을 네 자신 같이 사랑하라 하셨으니 이 두 계명이 온 율법과 선지자의 강령이니라."(마 22:37-40)라는 가르치심을 상기시키며, "예수께서는 성경 전체를 율법과

---

19 길버트 메일렌더/박재현 이일학 역, 기독교적 관점에서 본 생명윤리, (서울: 킹덤북스, 2015).

20 정종훈, 기독교적인 생명의료윤리의 근거와 방향의 모색, 대학과 선교 32 (2016), 157-177.

21 길버트 메일렌더, 기독교적 관점에서 본 생명윤리, 24.

선지자로 지칭하시면서 그 내용의 핵심을 하나님 사랑과 이웃 사랑, 두 마디로 요약하셨"고 "예수의 삶과 가르침에 의하면 하나님 사랑과 이웃 사랑은 별개의 영역이 아니다."[22]

다니엘서는 길버트 메일렌더와 정종훈이 제시한 기독교적인 생명윤리에 바탕을 둔 의학연구윤리가 가지는 함의를 잘 보여준다.

2. 다니엘서로 본 기독인의 의학연구 윤리

기독교적인 생명윤리의 관점에서 살펴보면 다니엘서의 연구는 현대의 기독인에게 의학연구 윤리의 핵심적인 내용에 대해 문제를 제기한다. 기독인들은 왜 어떻게 의학연구를 수행할 것인가에 대해 다니엘서가 주는 교훈은 무엇인가를 살펴보자. 다니엘서 1장에서 먼저 다음을 생각해보기로 하자. 다니엘이 왜 어떻게 연구를 제안하고 여기에 참여하게 되었는가? 이 연구가 제안되어 실현이 되고 결과가 나와서 결과의 적용이 되기까지, 이 모든 일이 이루어지기까지 다니엘의 목적과 동기는 무엇이었나? 그 의미는 무엇이었나? 다니엘의 연구에는 가장 중요한 두 가지 동기가 있었다.

첫째는 하나님에 대한 사랑이다. 포로로 끌려간 이방 땅에서 왕의 명령에 의해 왕궁에서 주어진 음식을 먹어야 하는 상황에서 먼저 다니엘은 율법에 따라 정결하게 살고 우상에 바쳐진 음식으로 자신을 더럽히지 않겠다고 마음을 먼저 정하였다. 적국의 포로이므로 상황이 쉽지는 않지만 그는 하나님을 말씀의 따라 살겠다는 결심을 하고 이를 실천하고자 하였고, 이것이 연구를 시작하게 한 근본적인 추동력이었다. 하나님을 사랑했기에

---

22 정종훈, 기독교적인 생명의료윤리의 근거와 방향의 모색, 165.

자기에게 닥칠 지 모르는 위험에도 불구하고 왕의 음식을 먹지 않으려고 결심한 것이다.

둘째는 환관장에 대한 배려이다. 다니엘은 자신의 신념을 수단과 방법을 가리지 않고 시행하지 않았다. 다니엘은 단식투쟁을 거나 하거나 직접적으로 항의를 하거나 그 외의 방법으로 환관장을 곤란하게 하지 않았다. 자신의 신념을 지키기 위해 환관장을 위험에 빠뜨리게 하거나 그의 희생을 요구하거나 하지 않았다. 하나님의 명령을 지키고 이웃에게 해가 되지 않기 위한 두가지 동기가 중첩이 되어 연구를 제안하게 된 것이다. 즉, 다니엘의 하나님에 대한 사랑과 이웃에 대한 사랑이 결합된 것이 연구의 동기였다.

기독인으로서 다니엘서의 연구에서 배울 의학연구윤리는 바로 이 점이다. 우리가 연구를 할 때 그 목적과 동기가 하나님을 사랑하고 이웃을 사랑하는 것이어야 한다. 하나님과의 관계성 속에서 네 마음을 다하고 목숨을 다하고 뜻을 다하여 하나님을 사랑하고 이웃을 네 몸같이 사랑하여야 한다는 것이다. 기독인들이 어떠한 연구를 하던지 이것이 의학연구의 핵심이 되어야 한다는 것을 다니엘서는 우리에게 나타내 보여주고 있다. 기독인들은 다니엘서의 연구가 그러했듯이 마땅히 세상의 일반적인 임상연구 윤리 원칙을 지키면서 연구를 수행해야 한다. 이를 넘어서 본질적인 것은 하나님 사랑과 이웃 사랑이 우리 기독인의 의학연구윤리의 핵심인 것이다. 그럴 때에 신령한 지혜가 우리에게 주어질 것이다. 다니엘은 위에서 오는 지혜를 받아 연구를 제안한다. 이는 야고보서 3장 17절에 나타난 지혜이다. "그러나 위에서 오는 지혜는 우선 순결하고, 다음으로 평화스럽고, 친절하고, 온순하고, 자비와 선한 열매가 풍성하고, 편견과 위선이 없습니다." 다니엘서의 연구는 다니엘과 세 친구가 하나님에 대한 전적인 신뢰를 바탕으로, 하나님에 대한 사랑과 이웃에 대한 사랑에 의해 동기부여가 되어 지혜로써 어려움을 타개하여 믿음을 지켜낸 모범 사례였다.

V. 결론

현대 의학에서 연구는 중요하다. 환자의 치료는 과학적인 연구에서 도출된 근거에 기반을 해야하며, 직접 연구를 하지 않는 의사라도 의학연구를 연구를 잘 이해하고 있어야 환자를 치료할 수 있다. 연구를 통해 치료법을 개발하게 되면 더욱 많은 환자들을 질병의 고통에서 구하게 되므로 기독인으로서 의학 연구를 수행하는 것은 중요한 소명이 될 수 있다. 또한 기독인 의학자들은 진실하고 성실하게 연구를 수행하여야 한다. 기독인 의학자는 또한 연구 공동체 안에서 최고 수준의 윤리 기준을 유지하고 추구해야 할 의무가 있다.[23] 연구를 통해 진실을 추구하는 것은 기독인 의학자의 임무로서, 연구를 통해 얻어진 진실은 하나님의 진리이며 이것은 하나님의 지혜와 능력을 보여주기 때문이다.

기독인에게 하나님의 말씀은 시공을 초월하여 진리를 제시하고 길을 비춘다. 인류 역사상 가장 오래된 임상연구가 기록되어 있는 다니엘서를 살펴봄으로써 현대를 사는 기독인에게 주는 의학연구윤리에 대한 통찰을 정리하여 보았다. 다니엘서 1장에 기록된 임상연구는 에제키엘 임마누엘

---

23 Leinster S. & Barratt H. Christians and Medical Research, CMF (Christian Medical Fellowship) file number 42.(2010), https://www.cmf.org.uk/resources/publications/content/?context=article& id=25587. 2020. 1. 21. 방문.

등이 제시한 21세기의 임상연구윤리 원칙에 부합하며, 예수께서 가르치신 성경의 핵심인 하나님 사랑과 이웃 사랑의 구현이 기독인의 의학연구윤리의 핵심임을 보여준다.

참고문헌

길버트 메일렌더/박재현과 이일학 옮김, (2015), 기독교적 관점에서 본 생명윤리, (서울: 킹덤북스).

정종훈, (2016), 기독교적인 생명의료윤리의 근거와 방향의 모색, 대학과 선교, 제32권, 157–177.

Emanuel, Ezekiel J., Wendler D. and Grady C., (2000), What makes clinical research ethical? JAMA, 283(20), 2701–11.

Emanuel, Ezekiel J., Wendler D. and Grady C., (2009), An Ethical Framework for Biomedical Research. In Emanuel, Ezekiel J., et al. (Ed.) The Oxford textbook of clinical research ethics, (pp. 123–135), Oxford New York: Oxford University Press.

Grimes, D.A., (1995), Clinical research in ancient Babylon: methodologic insights from the book of Daniel. Obstet Gynecol, 86(6), 1031–4.

Leinster S. & Barratt H., Christians and Medical Research, (2010), CMF (Christian Medical Fellowship) file number 42CMF.

https://www.cmf.org.uk/resources/publications/content/?context=article&id=25587, 2020. 1. 21. 방문.

Neuhauser D. & Diaz M., (2004), Daniel: using the bible to teach quality improvement methods, Qual Saf Health Care, 13(2), 153–5.

Niskanen, (2015), Daniel, In Daniel Durken (Ed), New Collegeville Bible Commentary: Old Testament, pp. 853–855, Collegeville, Minnesota: Liturgical Press.

Ostbye T. & Rochon J., (1993), An early 'clinical trial' as a teaching exercise: the Book of Daniel 1.1–15 (1.1–20), Med Educ 27(1), 97–101.

Weiss G., (1996), Comment on Clinical research in ancient Babylon: methodologic insights from the Book of Daniel [Obstet Gynecol. 1995], Obstet Gynecol, 87(1), 156–8.

환자의 웃을 권리

-미소, 매체, 관계

김준혁

I. 서론

2018년에 의료광고를 대상으로 진행한 미출간 연구에서[1] 흥미로운 발견을 했다. 광고에 등장하는 환자가 활짝 웃고 있지 않다는 점이었다. 물론, 광고에 등장하는 많은 인물은 웃는 표정을 짓는다. 환자 또한 예외는 아닌데, 등장하는 인물이 찌푸리고 있거나 화를 내고 있다면 광고가 좋은 인상을 주기는 어려울 것이므로 이는 당연하다. 그러나 이를 내보이고 웃음소리를 동반하거나 동반할 것으로 예상하는 큰 미소를 의료광고에서 보기는 쉽지 않다. 물론 치과 또는 성형 광고에서 환자는 이를 내보이지만, 그것은 환자가 가지런한 이를 내보여 특정한 미의 기준에 맞는 표정을 지어 보여야 하기 때문이지 자신이 기쁘다는 표현을 하기 위함은 아니다. 환자는 보통 근엄하거나 인자한 표정을 짓고 있으며 은은한 미소를 짓는다. 그러다 더는 자신이 환자가 아니게 되는 순간, 환자는 잃었던 큰 미소를 되찾는다.

이를 시각적 대조를 제시하기 위한 기법 또는 서사 구조에서 갈등 이후 해결이 찾아온 것으로 보는 것은 타당한 관점이다. 그러나 혹시 환자를 바라보면서 우리가 가지고 있는 어떤 편견이 반영된 결과는 아닐까? 질병으로 인한 곤란에 빠진 환자는 기뻐하면 안 된다고 은연중에 생각하고 있는 것은 아닐까? 이는 우리가 의료윤리에서 존엄을 말할 때 드러나는 태도에서 살펴볼 수 있다. 윤리적 담론에서 존엄은 인간을 수단이 아닌 목적으로만 대우하라는 칸트(Immanuel Kant)의 정언명령에서 출발하여 인간이 나면

1 필자의 논문으로, 현재 정리 중에 있다.

서부터 지니며 빼앗기지 않는 가치를 의미한다.[2] 따라서 존엄한 죽음(dying with dignity)이란 환자가 이득이나 주변의 압력, 필요 등과는 무관하게 자신이 전적으로 혼자 죽음에 관한 결정을 내리는 것을 원칙적으로 의미할 것이다.

그러나, 현재 존엄사라는 표현이 한국에서 사용되는 방식을 고찰해 보자. 그것은 연명의료 중단 결정을 통해 맞이하는 죽음을 의미하며, 연명의료를 계속 받다가 죽는 것의 반대항을 언표한다. 여기에서 제기되는 질문은 이것이다. 연명의료를 계속 받다가 죽는 것은 존엄하지 않은가? 칸트적 정의를 따르자면 연명의료를 받다가 죽는 쪽을 택한다고 하여 이를 존엄하지 않다고 부를 이유는 어디에도 없다. 그것 또한 환자의 자발적인 선택이라면 말이다. 오히려, 우리가 존엄이라는 표현을 통해 말하려고 하는 것은 어떤 태도라고 보아야 한다. 자신에게 찾아온 죽음을 미루지 않는 초연함이나 죽음이 가져오는 불안을 떨쳐버리고 죽음을 스스로 선택하는 하이데거적 용기를 우리는 존엄이라고 표현한다.

초연함이나 용기를 드러내는 환자가 활짝 웃기보다는 엄숙한 표정을 짓고 있으리라 생각하는 것이 당연할지도 모르겠다. 초연함이나 용기가 존엄이라면. 하지만, 그것이 환자에게 특정한 포즈(pose)[3]를 강요하는 방식으로 작동하고 있지는 않은가? 그것은 환자가 어떠해야 한다는 문화적인 코드로 작동하고 있는 것은 아닌가? 하지만 존엄을 지키는 일은 그 존재를 가치 있게 여기는 일이며, 그 결정을 존중하는 일이다. 그리하여 꼭 그래

2 Baertschi B., Human Dignity as a Component of a Long-Lasting and Widespread Conceptual Construct. J Bioeth Inq. 11, no. 2. (2014), 201–211.

3 롤랑 바르트/김웅권 역, 밝은 방: 사진에 관한 노트, (서울: 동문선. 2006). 여기에서 포즈는 촬영 대상의 자세를 넘어, 사진의 의도라는 의미로 확대된다.

야 하는 당위가 없다면, 환자가 항상 엄숙하거나 찌푸려야 하는 존재가 아니라면, 우리는 돌봄에 있어서 하나 더 생각해야 하는 부분이 있을지도 모른다. 환자와 웃음을 주고받는 일에서 환자-의사 관계를 바라보는 것은 어떤가? 기존 환자-의사 관계를 정의하는 틀, 즉 온정주의, 소비자주의, 충분한 설명에 의한 동의는 모두 한 쪽이 주도성을 가지는 것을 전제했다. 하지만 니체가 말한 것처럼, 중력에서 자유로워질 가능성은 없을까. 한쪽으로 관계가 끌려가는 것이 아니라, 서로가 맞잡고 춤출 방법은 없을까. 있을지도 모르겠다. 엄숙함이 아니라 웃음에서 정립하는 관계라면.

이 분석은 전통적인 철학적 개념 분석을 따르지 않았다. 먼저 환자에 대한 문화적 코드화가 어떤 문제를 지니고 있는지를 2019년 영화 「증인」을 통해 살펴볼 것이다. 이어, 치료에서 웃음이 지닌 가치를 말했던 1998년 영화 「패치 아담스」가 지닌 내적 한계와 가능성일 살필 것이다. 마지막으로 본 글은 웃음의 문화사적 고찰을 간략히 살피고 현대에서 웃음이 지닌 의미와 그것이 환자-의사 관계를 변화시킬 가능성을 살피려 한다. 글은 의료에서 웃을 권리를 회복하는 것이 단순히 분위기를 환기하거나 소위 "웃으면 젊어진다"라는 식의 유용성을 찾는 것을 넘어 상보적인 의료적 관계를 정립하는 실마리가 될 수 있음을 주장한다.

II. 영화 <증인> (2019)과 환자 규정의 문제[4]

과거 정의를 위해 뛰어다니던 변호사 양순호(정우성 분)는 생활을 위해 대형법무법인에 취직해 잡다한 일을 하고 있다. 늙으신 아버지를 모시고 있는 그는 이제 사회를 위해 나서기엔 생활이 따라주지 않는다는 것을 깨닫고 있다. 이참에 법무법인 대표 변호사가 순호를 잘 보고 있다면서 일을 하나 맡아 달라고 부탁한다. 국선변호사로 80대 노인을 살해한 혐의로 붙잡힌 가정부를 도우라는 것. 검찰은 가정부가 노인을 살해했다고 주장하나, 가정부는 노인이 자살하려던 것을 자신이 막으려 했지만 실패했다고 주장한다. 문제는 이 사건에 증인이 한 명 있다는 것이다. 길 건너편 집에 살고 있던 자폐 스펙트럼 장애 고등학생 임지우(김향기 분)가 그 광경을 보았다고 말한다. 순호는 지우를 만나 그를 법정에 세워, 그가 증거 능력이 없음을 인정받으려 한다. 국민 참여 재판으로 진행되고 있기에 자폐인이 증인으로 서면 전문가적 판단(중간에 의사들은 지우가 증언 능력이 있음을 인정할 것이라는 대사가 나온다)보다 겉보기를 우선할 것이며, 따라서 지우 발언이 힘을 상실하게 될 것으로 생각한 것이다. 순호는 지우를 증인으로 세우기 위해 그를 만나러 간다.

여러 리뷰는 영화의 장점(인간 관계에서 따뜻함이 무엇인지를 잘 보여준다는 점, 장애에 관한 접근이 세심하다는 점 등)과 단점(진행이 상투적이고 주인공인 순호 역이 너무 일면적이라는 점 등)을 지적하지만, 모두 "착한" 영화라는 점에는 동의한다. 카메라가 장애인과 가족을 대하는 방식 또한 기존 영화처럼 장애인을

---

4 이 부분의 분석은 다음 기사에서 지적된 요소를 가져왔다. 류승연, 착한 영화 '증인'의 오류… 자폐성 장애인도 거짓말하는 '보통 사람', 한국일보, 2019년 3월 5일.

그저 불쌍한 사람들로만 그리거나 내 인식 지평 바깥에 머물 수밖에 없는 대상으로 전시하지 않고 상대방을 이해하려는 노력을 보여준다. 지우가 순호에게 던지는 질문, "당신은 좋은 사람입니까?"는 한때 좋은 사람이었지만 세파에 휩쓸려 탈선했던 주인공이 여러 계기로 인해 다시 돌아오는 모습을 상징하면서도, 관객 모두에게 던져진 질문이기도 하다는 점에서 이 영화가 지향하고 있는 바는 명확해 보인다.

좋은 영화임에도 불구하고, 영화가 장애를 다루는 방식은 여전히 아쉽다. 영화는 분명 선한 의도를 가지고 접근했고 장애를 희화화하거나 그저 사회 문제로만 그리는 것을 벗어났다는 점에서 높이 살 만하지만, 작품이 사로잡은 자폐 스펙트럼 장애의 모습은 너무 이상적이어서 오히려 문제가 된다. 예컨대, 영화는 지우가 유일한 증인임에도 불구하고 그가 증인으로 문제가 없는 이유를 "자폐성 장애인은 거짓말을 못 하기" 때문이라고 말한다. 자폐성 장애인이 거짓말을 하지 않는다는 것은 그들이 대인관계에서 별다른 계산을 하지 않고 솔직하게 말하는 모습을 떠올리게 한다는 점에서 설득력이 있다. 자폐성 장애 아동을 돌보는 부모가 흔히 "아이는 거짓말을 안 해요"라고 말하는 점, 마음 이론(Theory of Mind)에서 타인이 거짓된 믿음을 가질 수 있다는 것을 생각할 줄 알아야 하며 이는 상당한 정신 기능의 발달이 있어야 한다고 본다는 점에서 그렇게 생각할 근거가 없는 것은 아니다.[5] 그러나 최근 연구[6]에 의하면 자폐 스펙트럼 장애에 속하

---

5 Wellman HM, Peterson CC. Chapter 4. Theory of Mind, Development, and Deafness. *in* Understanding Other Minds: Perspectives from Developmental Social Neuroscience. eds. Baron-Cohen S, Tager-Flusberg H, and Lombardo MV, (Oxford: Oxford University Press. 2013).

6 Li AS et al, Exploring the Ability to Deceive in Children with Autism Spectrum

는 아동도 반사회적 거짓말(antisocial lies, 실수를 숨기기 위한 거짓말)과 흰 거짓말(white lies, 예의를 차리거나 상대방의 감정을 상하게 만들지 않으려는 거짓말)은 정상 대조군과 비슷한 수준으로 말할 수 있다. 물론 이 실험을 통해 자폐 스펙트럼 장애 아동이 거짓말을 하지 못한다는 것은 전혀 사실이 아니라고 확증할 수 있지는 않다. 그러나, 영화가 법적 증거로 자폐성 장애인이 거짓말을 할 수 없음을 제시하는 것 또한 문제가 있다. 더구나 지우의 경우 지적 능력에 문제가 없다. 이 경우에도 아이는 거짓말을 할 수 없다고 말하는 것은 장애 환자를 어떠한 틀로 구획하고자 하는 시도가 표출된 것이라고 해석해도 무리는 없어 보인다.

이를 단순히 전형(stereotype)의 문제라고 보는 것은 일면적이다. 왜 그들은 거짓말을 할 수 없는 인물로 제시되는가? 그것은 그들이 "착한 사람"이어야[7] 하기 때문이다. 또는, 순수한 사람이어야 하기 때문이다. 따라서 이를 선별 포함(selective inclusion)의 문제라고 부르자.[8] 영화에서 그려지는 장애인은 사회적 차원에서 발달이 늦고, 따라서 사회의 때가 묻지 않은 모습으로 나타난다. 이 모습은 순호가 한때 정의감에 찬 인물이었지만 사회생활을 하면서 점차 "때"가 묻고, 이제는 제도 안에 편입되어 가는 것과는 대조를 이룬다. 아니, 이루어야 한다. 그래야 순호가 지우의 모습을 보면서 자신이 잃어버렸던 순수를 깨달을 테니까. 그렇다면, 순수하지 않은 장애인 또는 거짓말을 하는 장애인은 우리 사회에서 어느 자리에 있어야 하는 걸까.

Disorders. J Autism Dev Disord, 42, no. 2 (2011), 185–195.

7 류승연, 한국일보.

8 정상 집단이 결여하거나 상실한 것으로 여겨지는 "순수"나 "선" 등을 지닌 외부 대상을 선별하여 집단에 포함한다는 의미에서 선별 포함이라는 표현을 사용하였다.

이는 최근 제기되고 있는 대표성(representativeness) 문제까지 이어진다. 장애인을, 또는 특정 장애 환자를 대표하는 것은 누구인가? 이 문제는 자폐 스펙트럼 장애와 같이 그 성원이 지닌 특성이 다양한 경우 두드러진다. 예컨대, 미국에서 자폐 권리 운동(autism rights movement)이 진행되고 신경다양성(neurodiversity)[9]이 회자하면서 "자폐는 장애가 아니다"라는 주장이 제기된 것은 고기능(high-functioning) 자폐 스펙트럼 장애인만을 대상으로 삼은 것이라는 비판을 받고 있다. 말을 할 수 없고 사회생활이 불가능한 저기능(low-functioning) 자폐 스펙트럼 장애인은 자폐를 장애로 인정받아야 지원을 받아 생활을 누릴 수 있음에도 불구하고, 이들 중 사회적 역할을 감당할 수 있는 사람만을 대상으로 하여 권익을 신장시키기 위해 노력하는 것은 적절하지 않다는 지적이다.

예컨대, 영화에서 지우는 한 번 본 것은 잊어버리지 않고 패턴을 인지하는 능력이 엄청나며(영화 초반, 순호의 무늬 넥타이를 보고 넥타이에 그려져 있는 물방울무늬가 몇 개인지 순식간에 맞춘다) 소리에도 민감하게 반응하여 미세한 소리도 잘 듣는다. 물론 자폐 스펙트럼 장애인 중 특별한 능력을 갖추고 있는 사람이 있는 것은 사실이다. 그러나 이들이 자폐 스펙트럼 장애인 모두를 대표할 수 있는가? 최근 자폐 스펙트럼 장애인을 주인공으로 내세운 드라마로 〈굿 닥터〉(2014)가 있었다. 여기에서도 자폐 스펙트럼 장애 중 서번트 증후군을 앓고 있는 것으로 설정된 주인공은 엄청난 암기력과 공간 지각 능력을 지닌 것으로 나온다. 2005년 영화 〈말아톤〉의 주인공 윤

---

9 신경다양성은 자폐 스펙트럼의 경우 비장애인과 다른 방식으로 신경이 발달한 것일 뿐이라고 주장한다. 스티브 실버만/강병철 역, 뉴로트라이브: 자폐증의 잃어버린 역사와 신경다양성의 미래, (서울: 알마, 2018).

초원 또한 웬만한 사람은 꿈도 꾸지 못할 마라톤 대회 전 구간 3시간 내 완주를 해낸 인물이다. 그렇다면, 우리 사회는 이들처럼 특별한 능력을 갖추고 있는 장애인만 받아들이려고 하는가.

영화가 반복하고 있는 이 선택 포함과 대표성의 문제는 환자 일반을 대하는 의료의 자세에서도 마찬가지로 나타난다. 우리가 일반적으로 환자에게 기대하는 모습이 있다. 환자복을 입고 자신의 사생활을 어느 정도 포기하며, 찡그리고 앉아 의료인의 말에 촉각을 곤두세우고 있는 모습 말이다. 그것은 탈콧 파슨스(Talcott Parsons)가 제시했던 병자 역할(sick role), 병에 걸렸을 때 사회적 책무를 유예받는 대신 의사와 의료 제도의 권고를 충실히 이행하여 빨리 병에서 회복할 것을 요청받는다는 식의 사회적 접근과는 다르다. 우리 문화가 병자에게 암묵적으로 기대하고 있는 것이 있다. 그리고 그 기대는, 단순히 병자에게만 적용되지 않고 사회와 제도 등 여러 분야에 영향을 미친다.

특히, 본 글에서 문제시하고자 하는 것은 웃음이다. 우리는 어쩌면 마냥 행복하게 웃는 환자를 불편해하고 있는 것은 아닌가? 그렇다면, 왜 그 웃음은 불편한가? 환자는 이러해야 한다는 우리의 규정을 벗어났기 때문이라면, 그리하여 "존엄함"을 전시하는 표정을 짓는 환자만이 우리가 의료윤리에서 "진지하게" 고려하는 환자라면 이 포함의 기준에는 문제가 있는 것은 아닌지. 더구나, 환자를 대표해야 하는 것이 꼭 중병에 걸린 환자여야만 하는 걸까. 병원이 꼭 무거움이, "전운(戰雲)"이 감돌아야 하는 장소여야 한다면 그것은 우리가 지닌 엄숙주의의 발로로 보인다. 엄숙한 환자와 엄숙한 의사가 마주 앉아 얼굴을 찌푸리고 있는 모습은 여러 미술 작품에서도 반복되어 온 주제였으니 색다를 것은 없다. 하지만, 꼭 그래야 하는가?

III. 상처에 붙이는 반창고로서의 웃음[10]

헌터 아담스(로빈 윌리엄스 분)는 심적 고통을 이기지 못하고 자살 시도 끝에 정신병원에 입원하게 된다. 그곳에서 점차 안정을 찾은 그였지만, 정신병원은 아담스에게 다른 것을 알려주기 시작한다. 의사와 간호사가 병원에서 환자가 지닌 질병에만 집중하고 환자 자체엔 도통 관심이 없는 것이다. 아담스는 주변 사람들을 기쁘게 만들어 주려고 노력하는 한편, 환자들이 말하는 어려움을 해결하려 한다. 정신병원인 만큼, 그 어려움은 다른 사람의 눈에 보이지 않는 환상임에도 아담스는 마치 자신 또한 그들의 감각을 공유하는 것처럼 행동한다. 이런 아담스에게 환자들은 "패치"라는 별명을 붙여준다. 그들이 겪은 어려움에 붙인 반창고, 패치.

퇴원한 패치는 어리다고는 할 수 없는 나이에 의과대학에 입학한다. 의과대학에서 환자를 도울 수 있는 많은 것들을 배우리라 기대한 패치의 기대는 산산조각이 난다. 정신병원에서 만난 의사와 간호사들과 마찬가지로 의과대학의 성원들은 딱딱하기 그지없다. 권위주의적인 병원 속에서 패치는 3학년 때부터 임상 실습에 참여할 수 있다는 규칙을 어기고 환자들을 만나기 시작한다. 그의 무기, 웃음과 함께.

1998년 개봉한 영화 〈패치 아담스〉를 성실하게 본다면 좋은 평가를 주기는 쉽지 않다. 영화는 로빈 윌리엄스가 인기 라디오 DJ로 베트남 방송국에 부임해 유쾌한 방송을 하며 강압적인 권력과 대결하는 〈굿모닝 베트남〉을 별다른 고민 없이 반복하고 있다. 권위적, 강압적인 제도가 있고 그

---

10 이 부분은 필자의 책에 수정된 판본을 실었다. 김준혁, 상처는 치료했지만 흉터는 남았습니다, (서울: 계단, 2021).

에 대항하는 로빈 윌리엄스는 특유의 장기인 개그를 선보인다. 그는 여러 노력을 펼치며 상황을 바꾸기 위해 노력하지만 결국 쫓겨나게 되고, 다른 곳에서 꿈을 펼쳐 많은 사람에게 행복을 준다. 이런 패턴을 반복하지만 진지한 고민을 던진 작품으로는 1989년 작 〈죽은 시인의 사회〉가 있겠다. 로빈 윌리엄스를 등장시켜 구태의연한 노선을 반복한 것은 영화계의 잘못도 있지만, 의학에 대한 감독의 고민이 부족했던 탓이 크다.

무엇보다 문제는 기존 의학과 의료계를 기득권층이자 악으로 제시하고 있는 부분이다. 윌리엄 오슬러(William Osler)가 1889년 같은 제목의 명연설에서 제시한 평정(Aequanimitas)은 단순히 환자와 거리를 두는 것이 의료인을 마음 편하게 만들기 때문에 나온 것이 아니다. 매우 급한 상황에서 최선의 판단을 내려야 하는 의료인의 임무를 수행하기 위해, 눈앞 고통을 목도하다 오히려 스스로가 무너지지 않기 위해, 고난으로 실의에 빠진 환자에게 지지대의 구실을 할 수 있기 위해 의료인은 당장 감정에 휩쓸리지 않을 수 있어야 한다.[11] 그러나 영화는 단순하게 이를 나쁜 것으로 치부하면서 설득력을 잃는다.

게다가 영화 마지막에서 패치가 퇴교위원회에 회부당하여 교수들의 질문에 답변하는 장면 또한 당황스럽다. 아직 정식 의사가 아니고 배움이 부족하여 환자를 죽일 수도 있지 않냐는 물음에 갑자기 모든 사람은 죽는데 왜 그렇게 죽음을 심각하게 여기냐는 패치의 답변은 안 하느니만 못한데도 영화는 이것이 중요한 발언인 양 분위기를 만들어 간다. 무관심과 싸워야 한다는 패치의 주장에는 일견 동의하나, 학생들에게 훈계를 늘어놓는

11 물론, 이것을 소위 초연한 관심(detached concern)으로 확대하여 해석, 의사가 차가운 태도를 취함이 당연하다고 여기는 것에는 문제가 있다.

패치의 모습을 계속 보고 있는 일은 고통스럽다. 영화는 실존 인물인 헌터 도어티 패치 아담스(Hunter Doherty "Patch" Adams)의 자서전을 바탕으로 만들어진 것이며, 그는 게준트하이트(Gesundheit!) 연구소에서 웃음 치료와 전인 치료를 강조하며 많은 사람에게 무료 진료를 펼친 인물이다. 아담스 본인 또한 영화가 자신을 단지 웃긴 의사일 뿐인 것으로 그렸다고 비난한 바 있다.[12] 그는 의료가 동정심을 실천하는 것이라고 주장한다.[13]

의학적 상황에 관한 앎 없이 쓰인 영화 대본에 아쉬움을 표하며, 아담스 본인의 의견에 동의한다. 물론 웃음이 치료적 효과가 있다는(예컨대, 통증 역치를 높이거나[14] 면역 반응을 증가시키는[15] 등) 증거를 바탕으로 아담스의 "웃음 치료"를 유용성의 측면에서 바라보는 것도 가능하다. 하지만 웃음 자체가 가진 효과를 가지고 의학에 적용하여 큰 효과를 보겠다고 말하는 것에 충분한 증거가 있다고 보긴 어렵다.[16] 아담스가 환자의 웰빙을 증진하는 데 노력했다고 말하는 정도로 충분할 것 같다.

---

12 Hamson N., The World of Dr. Patch Adams and Gesundheit! Renaissance Universal. Undated. Retrieved from: http://www.ru.org/index.php/health/333-the-world-of-dr-patch-adams-and-gesundheit.

13 Adams P., The Education of Compassion. The Gesundheit! Institute. Undated. Retrieved from: http://www.patchadams.org/gesundheit/ideas/education-of-compassion/.

14 Weisenberg M, Tepper I, Schwarzwald J, Humor as a Cognitive Technique for Increaing Pain Tolerance. Pain. 63, no. 22, (1995), 207–212.

15 Bennett MP, Zeller JM, Rosenberg L, McCann J, The Effect of Mirthful Laughter on Stress and Natural Killer Cell Activity. Alter Therapies Health Med. 9, (2003), 38–45.

16 McCreaddie M., Wiggins S., The Purpose and Function of Humour in Health, Health Care and Nursing: A Narrative Review. J Adv Nursing. 61, no. 6, (2008), 584–595.

이 상황에서 하나 지적하고 싶은 것은 영화 개봉 당시 비평가들이 내린 엄청난 혹평에도 불구하고 이후 상당한 지지를 받았다는 것이다.[17] 물론 일반적인 시각에서 영화에 그려진 의학적 문제를 생각해본다거나 서사 구조가 지닌 문제점을 파악하는 것은 어렵기에, 이 글이나 비평가들이 제기한 문제는 관객 처지에서 전적으로 고려할 만한 사항은 아니다. 오히려, 사람들은 영화가 감동적이라는 것에 크게 반응한다. 그것은 주인공이 체제에 대항했기 때문에 발생한 감상이라고 보기는 어렵다. 오히려 그것은 사람들이 병원에서 기대하는 무엇인가를 어떤 식으로 형상화해 내는데 성공했다는 의미로 읽힌다. 그리고 인터넷 한줄평에 "실화", "마음"이라는 단어가 여러 번 등장하고 있다는 것은 웃음을 주려 노력하는 한 사람의 열심 때문으로 읽을 수 있지 않을까.

정리해보자. 첫째, 웃음이 물론 어떤 효과를 줄 수는 있지만, 그것이 "의학적"이라고 말하기는 어렵다. 둘째, 사람들은 환자에게 웃음을 주려는 의사의 노력에 감동하고 있다. 이 두 관찰을 결합할 때, 우리는 하나의 결론에 도달한다. 의료적 상황에서 웃고, 웃기며, 웃으려는 노력이 우리가 일상적으로 접하는 의료를, 그 인식을 변화시킬 방법이 될 수 있다. 이것이 특별한 일로 인식되어야 하는 이유를 모르겠다. 나 또한 길지 않았던 임상 경험에서 굳이 웃고자 했는지, 상대방의 웃음을 기대했는지 잘 떠오르지 않는다. 그 이유는 아마도, 우리가 의료에 대해 품고 있는 어떤 엄숙함 때문이 아닐까. 고통받는 환자와 그 고통을 접하고 치료해야 하는 의사는 웃으면 안 된다는 문화적인 코드가 작동하고 있어서 그런 것은 아닐까.

---

17 예컨대, 영화 정보 사이트인 IMDb에서 해당 영화는 10점 만점에 6.7점을, 네이버 영화에서 10점 만점에 9.13점을 받았다.

IV. 웃음 혁명과 웃음의 진료

18세기 말엽 화가 엘리자베스 루이 비제 르브룅(Élisabeth-Louise Vigée Le Brun)은 딸을 안은 모습의 자화상을 출품했다.[18] 지금 보기에 비제 르브룅은 "자연스러운" 미소를 짓고 있다(그림 1). 이를 살짝 내보이는 모습, 어느 매체에서나 흔하게 볼 수 있는 모습이니까. 하지만 그 모습은 분노를 불러왔다. 한 기사를 인용하자면, "겉치레 떠는 예술가라니. 미술 권위자와 고상한 취향을 지닌 사람들 모두가 입을 모아 그를 비난하고 있다. 비제 르브룅이 이를 내보이며 미소지은 것은 고대로부터 예를 찾아볼 수 없는 일이다." 자연스럽지 않은 미소라니, 지금으로선 생각하기도 어려운 일이다.

그림 1. 엘리자베스 루이 비제 르브룅. Self-Portrait with her Daughter, Julie. (1786)

18 Johns C., The Smile Revolution in Eighteenth Century Paris. (Oxford: Oxford University Press, 2014), 1.

역사학자 콜린 존스는 오랫동안 이어져 왔던 "미소와 웃음의 평가 절하"를 지적한다.[19] 물론 치의학이 발전하기 이전 치아를 자연스럽게 내어 보일 수 있던 사람이 많지 않았다는 것이 한몫했을 것이다. 잘 알려진 것처럼, 웃을 때 손수건을 사용해 입을 가리는 것이 유행하게 된 것은 나폴레옹 1세의 아내 조제핀 황후가 자신의 불량한 치열을 드러내지 않길 원해 취한 방책에서 유래했다.[20] 단 음식을 상대적으로 접하기 쉬웠던 권력층이 더 나쁜 치열을 가지고 있었으리라고 가정하는 것은 과도한 추측은 아니리라. 그렇다면, 치아를 내보이지 않는 것이 하나의 문화로 자리 잡았을 가능성은 상당히 높다. 또한, 그것은 웃음에 대한 당시의 편견 때문이기도 하다. 당시 웃음은 "천한, 교양 없는, 꼴불견인, 과도한, 욕정을 드러내는, 통제를 벗어난, 건강에 해로운" 것으로 치부되었다.[21] 따라서 여성은 지금의 기준으로 볼 때 "묘한" 표정을 짓고 있었다. 모나리자의 웃음이 그 대표적인 예일 것이다(그림 2). 입을 꼭 다문 웃음의 반대편에 놓인, 입을 활짝 벌린 모습은 "교양 없음과 광기"를 상징했다.[22]

---

19 ibid., 42.

20 제임스 윈브랜트/김준혁 역, 치의학의 이 저린 역사, (서울: 지만지, 2015), 151~152.

21 Jones C, The Smile Revolution in Eighteenth Century Paris. (Oxford: Oxford University Press, 2014), 42.

22 ibid., 54.

그림 2. 레오나르도 다 빈치. 「모나리자」. 16세기경.

이 분위기를 반전시킨 것은 예술이었다. 앞서 살핀 비제 르브룅의 작품이 대표적이었으며, 일군의 예술가들이 웃음을 공공의 자리로 되돌리기 위해 노력했다. 한편, 포셀린 치아의 등장과 함께 아름다운 틀니를 만들어낸 외과의사 니콜라 뒤부아 드 셰망(Nicholas Dubois de Chémant)이 변화의 선두에 있었다.[23] 화학자 알렉시 뒤샤토(Alexis Duchâteau)로부터 제안을 받아 "광물 치아" 제작 연구에 참여하게 된 드 셰망은 정확한 온도를 계산하여 아름답고 위생적인 틀니를 만들어내는 데 성공했다.[24] 당시 많은 사람

23 ibid., 129.

24 제임스 윈브랜트/김준혁 역, 치의학의 이 저린 역사, (서울: 지만지, 2015), 311~312.

의 찬사를 받은 그의 발명은 파리에서 선풍적 인기를 끌었다. 이후, 불편감 때문에 틀니 사용은 줄어들었다. 다시 틀니가 힘을 회복하기 위해서는 고무(Vulkanite) 발명을 기다려야 했다.

이 변화는 프랑스 혁명과 맞물려 나타났기에, 존스는 과거의 억압에서 미소와 웃음이 풀려나 자유를 얻었다고 말한다.[25] 흰 치아가 그림에 등장한 것은 그리 오래전 일이 아니다. 그것이 미, 건강, 밝음, 기쁨을 상징한 것 또한 최근에 벌어진 일이다. 이 자유는 그냥 얻어진 것이 아니다. 의학적으로 볼 때 치의학의 아버지 피에르 포샤르(Pierre Fauchard)의 노력으로, 외과의 특수 분과로 치과가 등장했기 때문에 이런 변화가 가능했다. "오랫동안 공적 삶에서 지워졌던"[26] 웃음이 사회적, 경제적, 정치적 발전과 함께 돌아오자 감정과 표현, 개성, 성별 개념 또한 변화하기 시작했다. 그것은 새로운 세대의 상징이었다.

앞서 병원에서 웃음을 찾아보기 힘든 이유를 영화를 통해 고찰했다. 그것을 인류학적 접근이나 질적 연구방법론을 통해 탐구해볼 만한 가치가 충분히 있다고 생각한다. 그러나 이 작업은 이후의 과제로 놓고자 한다. 현 단계에서 예비적 분석은 두 가지 문제를 제시했다. 첫째, 환자와 의사에 대해 우리가 가지고 있는 문화적 통념은 그 관계에서 엄숙함을 강요한다. 둘째, 웃음이 의료적 실천에 가져올 수 있는 변화는 의료적 관계의 차원에 위치한다. 이어, 간략한 역사적 고찰을 통해 웃음이 사회적으로 전시될 수 있었던 조건과 그 영향을 살폈다. 그렇다면, 의료에서 웃음을 찾

---

25 Jones C., The Smile Revolution in Eighteenth Century Paris. (Oxford: Oxford University Press, 2014), 175.

26 ibid., 176.

아오는 일은 서로 즐겁기 위함을 넘어선다. 웃음은 현재의 제도적 실천을, 문화적 압력을 바꿀 힘을 지닌다.

그렇다면 무엇을 바꿀 것인가? 여기에서는 소소하게 웃음의 진료를, "친근한 의료"를 말하자. 웃음의 진료란 웃음 치료와는 달리, 웃음에 기반을 둔 진료 양식을 말한다. 언제나 진중했고 그리하여 무거웠던 환자와 의사의 만남 대신, 좀 더 편안한 관계를 말하자. 예컨대, 한국계 미국인 의사 켄 정(Ken Jeong)은 의료를 희극의 소재로 삼는 유튜브 동영상에서 인기를 얻어 연기자로, 희극인으로 그 활동 범위를 넓혔다. 그가 자신의 진료를 광고하기 위해 희극을 선택했다면 문제의 소지가 있으나, 그가 목적했던 것은 희극인이 되는 것이다. 그렇다면, 그가 희극인으로 자신의 경력을 유지하면서도 진료를 한다면 어떨까? 아마, 많은 사람이 고개를 갸우뚱할지도 모르겠다. 하지만, 그래야 할 이유는 무엇인가? 의사가 좀 더 "가벼운" 사람이라 한들 그가 진료에서 최선을 다한다면, 무엇이 문제란 말인가?

물론, 전문가가 권위를 지녀야 한다는 말은 타당하다. 그러나, 그것은 지식의 권위이다. 개인의 권위와 혼동해서는 안 된다. 권위 또는 카리스마가 상대방과의 거리에서 형성되는 것이라 할 때, 우리가 지식을 굳건한 지반에 올려두는 것과 우리 자신을 환자와 떼어 내려고 하는 것은 명확히 구분될 필요가 있다. 그렇다면, 친절을 넘어 "친근한 의사"가 될 수는 있지 않은가? 그것을 어떠한 목표로써 제시할 수는 있지 않을까? 그를 보면 웃음이 나오는 사람. 또한, 환자에게 편안함을 줄 수 있는 사람.

V. 결론을 대신하여: 중력과 웃음

"춤을 멈추지 마라. 사랑스러운 소녀들이여! 나는 사악한 눈초리로 놀이를 망치는 자도 소녀들의 적도 아니다.
나는 중력의 영인 악마를 상대로 신을 대변하는 자다. 그대들 재주 많은 피조물들이여, 내가 어찌 신성한 춤에 적의를 품겠는가? 그것도 아름다운 복사뼈를 지닌 소녀들의 발에?
나는 어두운 나무들의 숲이며 밤이다. 하지만 나의 어둠을 두려워하지 않는 자는 나의 측백나무 아래서 장미 꽃밭을 발견하리라.
그리고 소녀들이 가장 사랑하는 조그만 신도 발견할지 모른다. 그는 샘물 곁에 눈을 감고 조용히 누워 있다.
정말이지 대낮에 잠이 든 그는 게으름뱅이인 모양이다! 나비를 잡으려고 너무 많이 뛰어다닌 걸까?
그대들 춤추는 아름다운 소녀들이여, 내가 이 조그만 신을 좀 꾸짖더라도 나에게 화내지 마라! 그는 소리내어 울지도 모른다. 하지만 그의 우는 모습마저 웃음을 자아내지 않는가?
그가 눈물이 그렁한 눈으로 그대들에게 춤을 청하면 나 자신도 그의 춤에 맞춰 노래를 부르리라.
중력의 영, '세계의 주인'이라 불리는 나의 가장 강력한 악마를 위한 춤의 노래와 조롱의 노래를."[27]

---

27 프리드리히 니체/홍성광 역, 차라투스트라는 이렇게 말했다. (서울: 펭귄클래식 코리아, 2009), 제2부, 춤의 노래.

니체의 『차라투스트라는 이렇게 말했다』에서 화자인 차라투스트라는 그를 날지 못하게 가로막는 중력과 끊임없이 대결한다. 이 중력, "선"과 "악"을 부여하는 기존의 말과 가치 때문에 삶은 매우 무겁다. "수고하고 무거운 짐진 자들"을[28] 무릎 꿇게 만드는 것은 "낯설고 무거운 말과 가치"이며 "자기 소유"이다.[29] 또한, 등에 짊어진 것과 내면에 품은 많은 것들을 조정하기 위해 "고상하게 치장한 고상한 껍질"도 필요하다.[30] 차라투스트라는 이 모든 중력, 개인을 사로잡고 있는 규칙과 도덕을 이기는 것은 "그들 자신에 대해 웃는 법을" 배우는 일이라고 말한다.[31]

니체가 비판한 대상으로 "〈철학의 노동자들〉"과 "〈학자들〉"을 들 수 있다.[32] 전자는 가치가 그 자체로 존재한다고 주장하는 자이며, 후자는 사실에서 가치를 끌어내 그대로 놓아주는 자다. 도덕이 형이상학적으로 독립되어 있다는 식의 "법정의 재판관" 모형과 도덕은 진화적 기원에서 필요로 나타난 것일 뿐이라는 "기계론" 모형에 대해 니체는 "계보학"을 내세운다. 가치는 고정불변한 무엇이 아니다. 그것은 변화하며, 필요에 따라 다시 쓸 수 있다. 여기에서 상대주의와 회의주의를 걱정하는 것은 당연하다. 그러나, 질 들뢰즈(Gilles Deleuze)는 여기에서 다원성과 의미의 다수성을 끌어낸다. 다원성은 답이 없다는 상대성이나 회의와는 달리, 답은 있되 그 접근에서 취할 수 있는 방식은 다양하다는 생각이다. 도덕에서 답이

---

28 개역개정 마태복음 11장 28절.

29 프리드리히 니체/홍성광 역, 차라투스트라는 이렇게 말했다. (서울: 펭귄클래식 코리아, 2009), 제3부, 중력의 영에 대하여.

30 ibid.

31 프리드리히 니체/홍성광 역, 차라투스트라는 이렇게 말했다, (서울: 펭귄클래식 코리아, 2009), 제4부. 일깨움.

32 Gilles Deleuze./이경식 역, 니체와 철학, (서울:민음사, 2001), 17.

없다는 생각은 적절치 않다. 그러나, 답에 이르는 방식이 하나만 있는 것은 아니다.

중력에서 벗어나는 것은 답이 없다는 생각도, 답에 나아가는 방식이 이것뿐이라는 생각도 버리고자 함이다. 다양한 방식을 포괄하여 하나의 선(善)에 접근하는 것은 어떤가. 조금 더 가벼워지는 것은 어떤가.

그것은 환자와 의사가 서로 웃을 때 가능하다. 그것은 의학적 관계에서 예수의 온유함을 추구하는 일이다. 그리고 그 위에서 의학은 기존과는 다른 방식으로 작동하게 될 것이다.

개역개정판 성경 마태복음 11장 28절.

류승연. 착한 영화 '증인'의 오류… 자폐성 장애인도 거짓말하는 '보통 사람', 한국일보, 2019년 3월 5일.

Adams P., The Education of Compassion. The Gesundheit! Institute. Undated, Retrieved from: http://www.patchadams.org/gesundheit/ideas/education-of-compassion/.

Baertschi B., Human Dignity as a Component of a Long-Lasting and Widespread Conceptual Construct, J Bioeth Inq, 11, no. 2, (2014), 201–211.

Bennett MP, Zeller JM, Rosenberg L, McCann J. The Effect of Mirthful Laughter on Stress and Natural Killer Cell Activity. Alter Therapies Health Med. 9, (2003), 38–45.

Foucault M., Historie de la folie à l'âge classique. 이규현 역, 광기의 역사, 나남, 2003.

Friedrich Nietzsche. Also sprach Zarathustra. 홍성광 역, 차라투스트라는 이렇게 말했다, 펭귄클래식코리아, 2009.

Gilles Deleuze, Nietzsche et la philosophie, 이경신 역, 니체와 철학, 민음사, 2001.

Hamson N., The World of Dr. Patch Adams and Gesundheit! Renaissance Universal. Undated. Retrieved from: http://www.ru.org/index.php/health/333-the-world-of-dr-patch-adams-and-gesundheit.

Jones C., The Smile Revolution in Eighteenth Century Paris, Oxford: Oxford University Press, 2014.

Li AS et al., Exploring the Ability to Deceive in Children with Autism Spectrum Disorders. J Autism Dev Disord. 42, no. 2, (2011), 185–195.

McCreaddie M., Wiggins S., The Purpose and Function of Humour in Health, Health Care and Nursing: A Narrative Review. J Adv Nursing.

61, no. 6, (2008), 584–595.

Roland Barthes, La chambre claire: Note sur la photographie, 김웅권 역, 밝은 방: 사진에 관한 노트, 동문선, 2006.

Silberman S. Neurotribes, 강병철 역, 뉴로트라이브: 자폐증의 잃어버린 역사와 신경다양성의 미래, 알마, 2018.

Weisenberg M., Tepper I., Schwarzwald J., Humor as a Cognitive Technique for Increasing Pain Tolerance, Pain, 63, no. 2, (1995), 207–212.

Wellman HM, Peterson CC., Chapter 4. Theory of Mind, Development, and Deafness. Baron-Cohen S, Tager-Flusberg H, and Lombardo MV eds. Understanding Other Minds: Perspectives from Developmental Social Neuroscience. Oxford: Oxford University Press, 2013.

Wynbrandt J, Excruciating History of Dentistry. 김준혁 역, 치의학의 이 저린 역사, 지만지, 2015.

한국 호스피스
-완화의료와 세브란스

이창걸

I. 죽음 - 인생의 통과의례중 마지막 단계

사람은 일생동안 여러 단계의 통과의례를 거치게 된다. 출생, 돌, 입학, 졸업, 성인식, 입사, 결혼, 퇴임, 환갑, 팔순 등등을 거쳐 죽음의 단계에 이르게 된다. 이중에서 죽음의 단계를 제외한 모든 통과의례는 기쁨과 축복의 순간이다. 그러나 누구나 맞게 되는 죽음의 단계에 이르러서는 우리는 축복은 커녕 끝까지 비밀로 하고 쉬쉬하다가 유언 한마디 못하고 임종하게 되면 모두 슬퍼하고 고통스러워 하는 경우를 자주 만난다. 병원에서 더 이상 치료법이 없다며 포기하면, 환자와 가족들은 그래도 최선을 다한다며 얼마 남지 않은 재산을 동원하여 지푸라기라도 잡는 심정으로 민간요법, 기적의 약초치료 등으로 치료하고자 한다. 그러나 대부분 증세가 악화되어 쓰러져 응급실로 가면 말기 암환자는 찬밥신세여서 대형병원응급실 바닥에서 대기하는 신세가 되어버리고 만다. 그리고 중환자실로 올라가 인공호흡기 달고 가족들과 격리된 채 임종을 맞게 되는 것이다. 도대체 누가 자신이 이런 최후를 맞을 것이라고 상상이나 해 보았을까?

II. 한국인 죽음의 질

2012년의 보고에 의하면 한국인의 죽음의 질이 OECD국가중 32위로 나타났다. 말기암환자의 경우 완화의료서비스를 받는 비율이 임종 환자의 9%에 불과하고 통증치료가 부족하여 국민 1인당 마약성진통제(모르핀) 사용량은 최하위권으로 나타났다. 무엇보다 연명치료에 치중하여 고통 중에 사망하는 경우가 많아 죽음의 질이 낮은 것으로 드러났다.

이로부터 3년 뒤 2015년, 전세계 80개국을 대상으로 조사한 '죽음의 질 지수' 조사 결과, 우리나라는 대만(6위) 보다 순위가 한참 뒤처진 18위를 기록했고 특히 우리나라는 임종의 질 지표 중 완화의료 이용자 비율에서는 33위로 나타나 3년전에 비해 향상되었지만 여전히 낮은 이유로는 임종환자들이 대부분 호스피스.완화의료보다는 연명의료를 받고, 죽음에 대한 열린 대화의 부족, 죽음 준비교육이 부족한 것으로 판단된다. 상위집단국가들의 공통적인 특징은 1) 완화의료정책이 잘 갖춰져 있고 효과적으로 이행됨 2) 공공분야 의료비용 지출이 높은 점 3) 의료직에 대한 완화의료교육 4) 완화의료환자들에 대한 지원 5) 마약성진통제 사용의 편리성 6) 호스피스.완화의료에 대한 높은 사회적 인식 등을 들 수 있다.

III. 좋은 죽음, 나쁜 죽음 - 이주일, 재클린 케네디 그리고 김수환추기경

2002년 8월, 폐암으로 투병중이던 코메디언 이주일씨가 국립암센터 중환자실에서 20여일째 투병중이라는 소식이 신문을 통해 보도되었다. 폐암으로 진단받고 치료해온 지 10개월째 되는 때였다. 국민 코메디언으로서 온 국민의 사랑을 받았던 그가 중환자실에서 인공호흡기를 달고 전신에 주사바늘을 꽂고 수액과 약물을 투여받으며 임종을 기다리고 있는 것이다. 기사내용에는 병원관계자의 말을 인용하여 현재상태에 대해 구체적으로 언급하기 힘들다고만 되어있었다. 과연 구체적으로 언급하기 어렵다는 말은 무엇일까? 죽음, 임종이라는 말에 대해 우리나라 사람들은 언급하기를 꺼려한다. 우리 사회에서 죽음의 문화는 열려있지 않고 닫혀있다. 이 폐쇄성으로 우리나라 사람들에게서 아름다운 임종은 아직 쉽지 않은 현실이다.

이주일씨의 임종후 2년이 지난 2004년 12월 리더스 다이제스트에 〈죽는 법을 가르쳐준 여인〉이라는 제목으로 고 케네디 대통령의 부인 재클린 케네디의 마지막 나날들에 대한 특집기사가 실렸다. 에드워드 클라인이라는 사람이 악성 림프종으로 투병중이던 재키를 지켜보며 그녀가 임종할 때까지의 날들을 기술한 것이었다. 그녀는 악성림프종이 발병하자 뉴욕의 병원에서 항암제투여를 받던 중 몸이 견디기가 힘들어지고 마침내 폐렴이 발생하면서 그녀의 주치의는 치료가 어려움을 알려주게 된다. 재키는 더 이상 힘들고 부작용이 많은 항암제치료를 중단하기로 결심하고 주위의 만류에도 불구하고 자신의 집으로 돌아왔고 얼마 남지 않은 인생의 마지막 나날을 정리하기 시작하였다. 우선 그녀가 많은 사람들과 교제를 나누었던 편지들 중 아름답게 남길 수 있는 것들을 제외하고는 모두 소각해버리고, 두 자녀인 Caroline과 John Jr.를 불러 엄마로서 얼마나 사랑했는지를 표현하며 그들에게 마지막 작별인사를 하였다. 놀라운 것은 자신의 장례에 대해 구체적인 계획을 세웠는데 장례미사(아일랜드 출신으로 가톨릭신자)는 자신이 지정한 성당에서, 미사집전은 자신이 존경하던 신부님께 부탁하고, 찬송가는 평소 좋아하던 곡을 선택하였고, 장례식장에 와준 조문객들에게 드리는 감사의 글을 미리 작성하여 조문객들에게 감동을 선사하게 된다.

보통 사람들이 재키에게서 배울 것이 있다면 '어떻게 하면 권력의 정점인 first lady가 될 수 있을까? 혹은 어떻게 하면 세계 최고 갑부인 오나시스같은 사람과 재혼하여 돈을 원없이 펑펑 써볼 수 있을까?' 라고 세속적으로 생각해 볼 수 있겠지만, 이 글의 저자는 진정으로 우리가 재키에게서 배워야 할 것은 바로 어떻게 아름답게 임종을 맞이해야 하는지 그 방법이라고 역설한다. 재력도 있고 각계 배경이 화려한 그녀가 끝까지 치료를 위해 투병생활을 했다면 차가운 중환자실에서 깡마른 모습으로 어쩌면 유언 한마디 못남기고 자녀들과 사랑한다는 표현도 못하고 주사바늘 꽂은 채로 쓸쓸히 임종을 맞았을 수도 있었을 것이다. 그리고 정리를 미처 하지못해 남겨진 그녀의 사생활에 대한 편지로 인한 사후의 많은 가십거리를 제공하면, 생전에 아름답게 비쳐진 그녀의 일생은 한 순간에 추락할 수도 있었을 것이다.

한국에서 아름다운 임종의 모범을 보여준 분은 2009년 선종하신 김수환추기경이다. 말기상태에서 중환자실이 아닌 자신의 거처에서 생을 마감하였고, 얼마 남지않은 자신의 300여만원의 재산을 나환자단체에 기증하였으며 미리 자신의 소망하는 바를 남겨 장례형태도 최대한 간소화하고 묘도 일반 성직자묘역에 간소하게 묻히길 원하였다. 무엇보다 자신의 각막을 기증하도록 하여 한국에서 장기기증운동의 활발하게 되는 계기를 만들었으니 살아서도 존경을 받았고 선종 후에도 그분의 아름다운 죽음으로 기억되는 이유이다.

앞서 예를 든 코메디언 이주일씨는 꼭 중환자실에서 그렇게 임종을 맞았어야 했을까? 항암제 치료에 더 이상 반응을 보이지 않게 되고 폐암이 악화되는 상황에서 다음과 같은 두가지 선택을 할 수 있었을 것이다. 첫째 보통 사람들이 미련을 버리지 못하고 선택하는 것처럼 항암제치료가 효과가 없더라도 끝까지 해보는 경우이다. 이 경우 득은 거의 없고 부작용이 더 클 수 있다. 두번째 선택은 항암제 치료를 중단하고 남은 임종기간 동안 생길수 있는 많은 불편한 증상(즉 심한 통증, 호흡곤란, 불면, 복수, 구토 등) 을 잘 치료해서 임종시까지 편안하게 돌봐주는 호스피스 · 완화의료 돌봄이 있다. 죽음을 생각하면 누구나 두렵고 내가 이제 스스로 치료를 포기한다고 생각하면 쉽게 선택하기 어려울 수밖에 없다. 그러나 내 인생의 마지막 여정을 그렇게 인간의 존엄성이라고는 볼 수 없는 차가운 중환자실, 가족들과 차단된 그 공간에서 어느 날 갑자기 찾아온 혼수상태로 인해 유언 한마디 못하고 세상을 떠나야 하겠는지 우리는 건강할 때 진지하게 생각해 보아야 한다.

이주일씨는 폐암 말기 상태에서 금연 홍보 공익광고를 찍는 등 마지막까지 자신을 불사르며 이 사회를 위해 헌신하였지만 그의 마지막 순간은 누가 보더라도 안타까울 수밖에 없었다. 만일 그가 마지막 순간을 일반 병실 혹은 가정에서 모든 가족이 지켜보는 가운데 자녀들과 손을 잡고 마지막 인사를 나누며 그리고 자신을 사랑해준 국민들에게 "그동안 보내주신 사랑에 진심으로 감사했습니다. 사랑합니다." 라고 메시지를 남기고 평안한 가운데 임종을 했더라면 얼마나 아름다운 임종이었을까? 그리고 국민들에게 큰 감동을 주었을 것이라고 생각한다. 그는 코메디언 시절 유행시켰던 말중 '못생겨서 죄송합니다.' 라는 말로 국민들에게 웃음을 주었다. 그러나 그의 안타까운 마지막 임종을 보고 만일 그가 하늘나라에서 한마디 한다면 '잘 못 죽어서 죄송합니다.' 라고 하지 않을까 생각해본다.

IV. 죽음준비교육의 필요성

이 세상에 변하지 않는 진리 중의 하나는 죽음에 관한 공리인데 인간은 누구나 죽음을 맞고, 언제 죽을지 모르고, 생전에 경험해볼 수 없으며 그리고 아무도 나를 대신해 죽어 줄수 없다는 사실이다. 따라서 과학과 의술의 발전으로 생명연장이 가능하고 생명탄생의 신비에 접근해 있는 현대사회이지만 죽음 그 자체의 문제에 해답이 있을 수는 없다. 그러나 준비할 수는 있다. 죽음에 대해 미리 준비하고 교육을 받는다면 죽음으로 인해 발생할 수 있는 많은 혼란들을 예방하여 생의 마지막을 잘 정리할 수 있게 될 것이다. 플라톤의 제자가 인생이란 무엇입니까? 라고 질문하자 플라톤은 인생이란 죽음 연습이다 라고 답을 했다고 한다. 우리는 건강할 때 죽음에 대비한 준비를 해 놓아야 하고 이를 위한 교육이 필요하다.

선진국에서는 학교교과과정에서 죽음준비교육을 시키고 있으며 이로서 인생의 가치관을 재정립하게 하도록 한다. 예를 들면 어린아이 때 키우던 동물이 죽었을 때 어떤 감정을 느끼고 어떻게 이겨나가는 지에 대해 배움으로써 죽음이 무섭고 두려운 존재가 아닌 인생의 자연스러운 한 과정임을 알게 된다. 이런 교육 과정을 통해 영적으로 성장할 수 있음을 이해시켜 죽음의 공포로부터 해방될 수 있으며 긍정적으로 죽음과 대면할 수 있도록 해준다. 죽음교육은 죽음이 끝이 아니며 내세에 대한 희망을 갖게 하고 죽어가는 과정에서 환자들이 어떤 문제에 어려움을 겪는지 이해할 수 있도록 도와준다. 또한 임종 전에 인생을 어떻게 마무리하고 자신의 마지막 순간을 어떻게 보낼지 배우고 그리고 충분한 정보를 얻은 후 더 이상 치료가 어려운 경우 인위적으로 생명연장을 시키는 장치를 거부한다는 사전연명의료의향서를 작성하는 법과 의미있는 죽음이 되도록 장기 혹은 시신기증과 관련된 정보도 알려준다. 법적으로 가장 중요한 문제인 유언장을 작성하여 재산에 관한 정리와 사랑하는 가족, 친지들에게 하고 싶은 말을 미리 작성토록 한다. 그리고 말기 상태에서 함께 동행해줄 호스피스 프로그램을 찾도록 해주는 교육까지 받는다면 자신 뿐만 아니라 가족의 죽음까지도 당황하지 않고 아름다운 임종으로 이끌 수 있다.

연명의료는 특수연명의료와 일반연명의료로 분류할 수 있고 연명의료계획서는 전문적인 의학지식과 기술, 장비가 필요한 특수연명의료의 계획(심폐소생술, 인공호흡기, 혈액투석, 항암제 투여 등) 에 대한 본인의 의향을 기록한 문서로서 담당의사와 함께 작성한 문서를 말한다.

연명의료에 대한 결정의 대상이 되는 환자란 회생 가능성이 없고, 원인치료에 반응하지 않으며, 급속도로 악화하는, 즉 임종 과정에 있는 환자를 의미하며 환자의 의학적 상태에 관하여는 2인 이상의 의사가 판단한다. 일반 연명의료는 통증 조절이나 영양 공급, 물 공급, 단순 산소 공급 등을 의미하며 임종시까지 기본적으로 제공되는 의료이다.

사전연명의료의향서는 의사능력을 상실한 때를 대비하여 임종과정에 있는 환자로 판단된 후 시행될 연명의료에 대한 본인의 의향을 직접 기록한 문서를 말한다. 건강할 때 작성가능하며 선진국의 경우 자동차면허증, 주민증에 표기하여 해당의료기관에서 확인할 수 있도록 되어있으며 2016년 2월 연명의료법 제정으로 한국에서도 시행되기 시작하였다.

이러한 죽음 준비교육은 말기 환자의 알 권리에 대한 인식을 새롭게 해주고 자신에게 맞는 장례형태를 선택하게 할 수 있으며 나아가 사별가족이 슬픔을 이겨내고 성숙하게 대처하도록 함께 도와준다. 직접 모의장례식을 치르고 입관식까지 실제로 해보는 죽음준비교육 프로그램도 있다.

죽음에 대한 교육은 죽기 직전이 아니라 건강하게 잘 살고 있을 때부터 시작해야 좋은 죽음을 맞을 수 있다. 죽음을 논하는 것은 바로 삶을 논하는 것이며 죽음준비를 잘 한다는 것은 남아있는 삶을 얼마나 귀하게 잘 살아야 하는 가를 새삼 느끼게 해주는 삶의 준비와 다름이 없는 것이다. 죽음을 인생의 자연스러운 과정으로 받아들이게 될 때 우리 사회는 성숙한 사회가 될 것이며 우리의 마지막은 당하는 죽음이 아닌 맞이하는 죽음이 될 것이다.

V. 말기임을 통보받음

죽음을 받아들이는 과정중의 첫 단계는 환자 자신이 말기상태임을 인지하는 것이다. 선진국의 경우 환자의 알 권리로 인식되어 대부분 의사로부터 통보를 받게 되지만 우리나라의 경우 가족들이 환자에게 알리기를 원치 않는 경우가 많다. 2010년 보고에 의하면 국내 말기 암환자의 58%, 보호자의 83%가 말기임을 인지하고 있다고 밝혀 환자 자신이 말기임을 인지하는 비율이 낮음을 알 수 있다.

누가 말기임을 통보해주는 것이 좋은 지에 대한 2011년 설문 결과에서 일반인의 90%, 암환자의 80%는 의사로부터 통보를 원한다고 답하였다. 말기임을 통보 받은 후 치료여부에 대한 결정권에 대해 일반 국민들을 대상으로 한 조사에 따르면 62.3%가 본인이 의사결정을 해야한다고 답해 자기결정권을 중요시하고 있음을 나타내었고 또한 자신의 결정이 가족에게 짐이 되는 상황은 피하고 싶다고 하는 것으로 분석되었다.

2008년 미국 하버드대학부속 다나파버 암병원의 연구결과에 의하면 말기 사실을 통보받은 환자들이 그렇지 않은 경우에 비해, 돈만 들어가고 효과없는 치료를 피할 수 있었고 환자들이 우울증에 걸리는 비율도 7%로 다르지 않았고 마지막 주일을 중환자실에서 보내거나 호흡기에 의존하거나 심폐소생술을 시행하는 경우가 훨씬 낮았기 때문에, 말기 통보를 받은 환자들이 좀 더 편안한 죽음을 맞을 수 있었다고 보고하였다. 또한 가족들도 미리 마음의 준비를 할 수 있어서 환자 사망 후에도 훨씬 마음의 평온을 얻을 수 있었다.

말기임을 통보하는 일은 쉬운 일이 아니며 환자 개개인의 수용 역량에 맞추어 개별적으로 접근하는 것이 바람직하다. 환자가 가장 신뢰하는 사람으로부터 서서히 수용할 수 있도록 통보하는 것이 필요하다.

VI. 말기환자의 동반자 호스피스·완화의료

근대적 호스피스 · 완화의료의 선구자인 영국의 시슬리 손더스Cicley Saunders(1918-2005)는 자신이 돌보던 말기환자들을 몰핀을 통해 신체적인 통증을 줄이려고 했으나 마약성진통제만으로 그들의 고통을 줄일 수 없음을 알게 되었다. 신체적 고통 외에도 영적, 정신사회적 고통이 지속되어 이를 전문가(social worker, 심리학자, 성직자, 정신과의사 등)들이 함께 도움을 주었을 때 비로소 그 통증이 완화됨을 보고 전인적인 돌봄(holistic care)이 도입된 근대적개념의 호스피스를 시작하여 1987년 영국에서 완화의료가 내과의 한 전문과목이 되도록 하였다. 호스피스의 철학은 말기 환자와 임종환자 그리고 그 가족들을 돌보고 지지하며, 그들의 남은 생을 가능한 편안하고 충만된 삶을 살도록 해주고, 삶을 긍정적으로 받아들이며 죽음은 삶의 자연스러운 일부로 받아들이고 호스피스는 삶을 연장시키거나 단축시키지 않고 가능한 모든 자원을 이용하여 신체적, 사회심리적 영적 요구를 충족시키며 지지하며 임종 준비를 돕는 것이다.

완화의료는 완치가 어려운 환자에게 증상완화를 위주로 전인적인 돌봄을 지향하며 최근에는 WHO에서 권고한 것처럼 질병 초기 단계에서부터 시작하여 함께 협진체제로 돌보다가 말기 상태가 되면 그 역할이 커지고 사별 후 가족들을 돌보는 프로그램을 운영한다. 말기 상태가 되기 전에 이 프로그램에 대한 정보를 얻는 것이 필요하며 환자와 가족들이 잘 설명을 듣고 선택할 수 있도록 하는 것이 중요하다.

실제로 말기환자에게 도움이 되는 호스피스 · 완화의료를 설명하면 거부의사를 밝히는 환자와 보호자가 많은 것이 현실이다. 심지어는 의료진도 환자를 버린다는 죄책감에 끝까지 치료하다가 거의 임종이 가까워졌을 때야 의뢰하는 경우가 많다. 실제 호스피스 · 완화의료기관에서 돌본 환자들의 평균 돌봄기간은 20일정도 수준에 불과하다. 2008년 우리나라 성인들 대상 품위있는 죽음에 대한 인식조사에서 응답자의 85%가 완화의료를 원한다고 하였고 2014년 설문조사에서는 일반인의 85%가 완화의료의 필요성을 선택하여 국민들의 인식도 많이 높아진 상태이다.

2011년 국내 다기관 연구에 따르면 말기라는 사실을 알게 되어도 생명이 더 단축되지 않으며 완화의료를 이용한다 해도 더 조기에 사망하는 것이 아니라는 결과를 보고하였다. 미국과 캐나다의 연구결과도 동일하며 말기 환자들을 신체, 정신, 사회적인 관리를 통해 증상조절이 잘되고 삶의 질이 호전되어 생존기간이 단축되지 않으며 오히려 늘수 있다는 가능성도 제기되었다.

2013년 보건복지부 자료에 따르면 임종 전 3개월간 의료비 지출 비중이 가장 높게 나타나서 끝까지 완치목적의 치료를 하면 개인과 정부의 의료비 지출이 많아지고 환자의 마지막 삶의 질은 최저치가 되는 것으로 나타났다. 따라서 웰다잉을 위해서는 호스피스 · 완화의료의 발전은 필수적이며 정부에서도 이를 위해 노력하여야 하며 호스피스 · 완화의료가 죽기 위해 선택되는 것이 아니라 마지막까지 인간으로서 품위를 잃지 않고 살기위해 선택하는 것임을 알아야 한다.

우리나라에서 호스피스 · 완화의료의 활성화를 위해 정부는 완화의료병상수를 2017년 현재 1364개(임종환자의 22% 이용가능)에서 2020년까지 1400개 병상으로 늘이고 완화의료병동을 설치하기 어려운 상급종합병원에 호스피스 · 완화의료팀(PCT)을 설치하여 팀이 병실을 찾아가 서비스하도록 장려하고 가정호스피스 · 완화의료를 도입 이들을 지역사회 호스피스기관들과도 유기적으로 연계토록 할 예정이다.

VII. 웰다잉에 관련된 요인들

호스피스 · 완화의료기관에서 좋은 죽음을 맞이한 환자들에게서 발견된 요인들을 분석한 결과 환자와 열린 대화를 유지하고 감정적, 영적지지를 잘 받고, 환자의 결정(유언, 장례관련 결정)에 대해 존중해주고 의료진의 숙련된 증상조절, 재정문제 해결 및 가족의 지지를 통해 삶의 질을 지속하기 위해 노력한 경우로 나타났다. 이런 경우 환자는 신체적으로 최대한의 편안함을 느끼고 자아의 연속성, 사회적 관계를 유지할 수 있고 본인의 삶과 죽음에 대해 의미를 찾고 자제력을 가지며 죽음과 대면하고 준비할 수 있게 되어 좋은 죽음으로 이어지는 것이다.

2018년 윤. 등에 의한 연구보고에 따르면 좋은 죽음에 대한 설문조사 결과 우리나라 환자와 일반인은 가족에게 부담을 주지않는 것을 첫째로 꼽았고, 가족이나 의미있는 사람이 함께 있는 것, 주변정리가 마무리되는 것 그리고 통증으로부터 해방 순이었다. 외국과 비교해 볼 때 미국은 좋은 죽음을 통증으로부터 해방, 영적 안녕을 중시했고 일본은 신체적, 정신적 편안함, 희망하는 곳에서 임종을 우선순위로 꼽았다. 영국은 익숙한 환경에서 존엄과 존경을 유지한채 가족 친구와 함께 고통없이 죽어가는 것으로 좋은 죽음을 정의했다.

Ⅷ. 한국 호스피스·완화의료와 세브란스

1965년 영국에 본부를 둔 마리아의 작은 자매회 수녀회에서 파견된 수녀들에 의해 강릉에 갈바리 의원을 개설하여 임종하는 이들을 돌보는 시작한 것이 한국 최초의 호스피스 활동이었다. 그로부터 13년후 1978년 1월 연세대학교 간호대학의 Marian Kingsley (왕매련, 1927–2007) 교수가 직접 영국 빅토리아 병원, 미국 코네티컷 가정간호 연수를 받은 뒤 호스피스 관련 최신자료를 가지고 귀국하여 1979년 10월, 국내에서 처음으로 당시 연세대 간호대 왕매련, 김수지, 조원정, 김소야자 등 동교 교수들과 함께 호스피스 워크숍을 열게 된다. 그리고 1987년 세브란스병원내 호스피스 위원회가 조직되었고 그 해 6월 연세대 간호대학 왕매련 교수와 김기복 원목의 요청으로 제1기 호스피스 자원봉사자 교육이 시작되었다. 그리고 1988년 산재형 및 가정형호스피스를 시작하게 된다.

1987년 같은 시기에 가톨릭 성모병원에서도 호스피스가 시작되었고 병원내 공식 조직으로 시작하여 호스피스병동을 개설하여 병동형 호스피스를 정착시키는데 큰 기여를 하였다. 1998년 한국호스피스 · 완화의료학회가 창립되었고 학회를 중심으로 호스피스법제화 노력과 의료보험화를 위한 시범사업을 전개하였고 2010년 암관리법내 말기암환자의 완화의료 내용이 포함되었고 2015년 병동형 완화의료 건강보험급여가 시작되었다.

2016년 2월 마침내 호스피스 · 완화의료 및 임종과정에 있는 환자의 연명의료결정에 관한 법률이 제정되면서 한국내 제도화가 본격적으로 시작되게 된다. 법률에 따르면 기존의 암환자외에 우선 AIDS, 만성간질환, 만성폐질환자 포함 4개의 질환에 대해 호스피스완화의료를 시범적으로 적용하되 점차 모든 질환으로 확대한다는 것이다. 말기 암환자는 비교적 잔여생존기간을 예측할수 있으나 만성질환의 경우 악화와 호전을 자주 반복하기 때문에 말기 예측이 쉬지않아 외국의 경우 호스피스 · 완화의료 보험재정을 악화시키는 요인이 되기도 하여 시범사업을 통해 적절한 적응증을 찾도록 해야 할 것이다.

한국호스피스.완화의료에서 고려해야할 몇가지를 생각해보고자 한다. 호스피스 · 완화의료에 관한 법률 제정 및 시행으로 이제 우리 국민은 편안한 임종을 맞을 수 있는 제도적 장치가 마련되었다. 그 이전에는 말기 암환자들을 방치하다시피 한 상황에서 종교기관에서 사랑으로 돌보는 행위로 호스피스를 운영하였다면 이제 제도화된 상황에서는 환자들이 서비스를 받을 권리와 서비스에 대한 책임을 지는 시대가 되었고 그 서비스에 대한 질관리 및 향상을 위한 노력을 게을리하지 않을 수 없게 되었다. 서비스는 24시간 제공되어야 함에도 빠듯한 인력구조라면 호스피스야 말로 가장 휴머니즘이 넘치는 행위임에도 직업으로서 호스피스 · 완화의료가 되어 이제는 환자 옆에서 함께 해주는 시간보다 의무적으로 기록하고 필요한 일에 더 몰두하여 환자중심의 돌봄이 자칫 소홀해 질 수 있다는 점이다.

가정호스피스제도는 호스피스분야의 꽃이라고 할 만큼 중요하다. 가정을 방문하는 순간 환자와 가족의 상황 등이 그대로 드러나 환자에게 무엇이 필요한지 알게 해주고 무엇보다 대부분의 사람들은 임종 시 가장 편안한 가정에서 임종을 원하고 있다는 점이다. 대만에서 가정호스피스가 잘 발달되어 임종의 질 면에서 아시아 1위인 만큼 우리나라에서도 이 분야의 활성화가 절실하다. 현재 시범사업중에 있고 반드시 잘 정착되기를 소망해본다.

호스피스 · 완화의료 발전의 가장 핵심은 전문인력 양성이다. 한국호스피스 · 완화의료학회는 2019년부터 인정의 제도를 시행하고 있으며 이를 위해 표준교육 심화교육등 다양한 프로그램을 운영하고 있으며 완화의료의 제공단계를 세분화하여 1단계 완화의료적 접근은 모든 의료인이, 2단계 보편적 완화의료는 완화의료교육을 추가로 받은 의료인이, 3단계는 특화된 완화의료로서 완화의료 전문팀에 의한 고난도 전문 서비스제공을 할 수 있도록 하고 있다. 아직 전문인력 양성과정의 기회가 부족하고 더 많은 노력이 필요하다.

IX. 한국인의 편안한 임종을 위하여

2016년 2월 이른바 웰다잉법이 제정되면서 한국사회는 죽음을 공론화하기 시작했다. 사전연명의료의향서에 대한 교육이 이루어지면서 건강할 때 나의 죽음에 대해 생각하고 불필요한 연명의료를 받지않도록 서류작성하는 사람들이 늘어나고 있다. 2018년 11월 작성자가 7만여명에서 2019년 11월 작성자가 42만명으로 1년사이에 6배가 증가한 것으로 보아 임종시에 불필요한 연명의료를 받지않고 스스로의 결정으로 자연스러운 임종을 선택하는 문화로 변화되고 있는 것은 무척 바람직한 일이다.

X. 세브란스호스피스와 기독교정신

호스피스의 역사를 보더라도 그리스도교 초기에 성지순례를 하던 순례자들에게 쉼터를 제공하고 도와준 데서 시작되었고 따라서 대부분의 호스피스는 종교기관에서 인도적 차원에서 시작을 하게 되는데 한국도 예외는 아니어서 세브란스호스피스 성모병원호스피스처럼 종교적 신념을 둔 기관에서 시작을 하게 되었다. 세브란스는 1987년 선교사이자 간호대 교수였던 왕매련교수에 의해 시작되었고 은퇴이후에는 미국 감리교단 파송 박시래목사(1933-20110)가 자원봉사자관리 및 영적돌봄제공자로서 활동하였다. 이후 1992년부터 같은 교단 선교사 Helen Shepherd 간호사가 세브란스호스피스 책임자로서 가정방문 호스피스 활동을 전개하였고 2001년 이후 Helen은 몽골에서 새로이 호스피스 사업을 펼치게 되었다. 세브란스호스피스는 말기암으로 의료진으로부터 외면받고 경제적으로도 어려움을 겪는 환자들에게 무료로 제공되었으며 그 운영비용은 전액 기부금과 바자회 자선 음악회 등으로 모금한 비용으로 충당하였다. 따라서 경제적인 어려움이 많아 정규직 직원을 고용할수 없었고 역시 기독교정신에 충실한 간호사분들의 봉사와 헌신에 의해 세브란스호스피스활동은 지속될 수 있었던 것이다.

2001년은 세브란스병원에서 그동안 의사들의 참여가 부진하여 발전이 더딘 세브란스호스피스를 세브란스병원 직제로 편입을 하여 당시 호스피스에 관심을 갖고 팀미팅에 참여하는 등 적극적인 관심을 보인 이창걸교수(방사선종양학)를 호스피스 실장으로 임명하여 발전을 도모하게 된다. 이후 세브란스병원내 임종실이 마련되었고 호스피스 사무실, 자원봉사자실이 확장되고 정규직 인력도 충원되어 활성화의 계기를 마련하였다. 이후 안중배(종양내과)교수를 거쳐 서창옥교수(방사선종양학)때 완화의료팀(palliative care team)제도를 준비하면서 소아아동호스피스가 더욱 발전하는 계기가 되었고 마침내 2014년 새암병원이 개원함과 동시에 12병상의 완화의료병동이 개설되면서 세브란스호스피스는 영역을 확장하여 완화의료센터로서 한단계 도약을 하게된다. 종양내과 최혜진교수가 완화의료센터장을 맡아 헌신하였고 정부의 시범사업기관으로 지정된 완화의료팀(palliative care team)제도와 함께 아동청소년 완화의료팀도 보강하여 운영 중에 있다.

그러나 돌아보면 세브란스병원의 경우 간호대학에서 시작한 호스피스 교육이 의사들에게 이어지지 못해 병동은 만들어지지 못한 채 말기 환자들을 찾아가는 산재형호스피스와 가정호스피스에 주력할 수밖에 없었다. 당시 병원의 책임자들은 호스피스의 좋은 뜻을 이해하기는 하였지만 의료보험체제하에서 3차 의료기관에서의 호스피스병동 개설은 경제적인 부담을 고려하지 않을 수가 없었다. 하지만 가톨릭 성모병원도 같은 조건이지만 종교적 신념에 따라 호스피스병동의 일반 병동에 대한 경제적 손실을 고려하더라도 임종 시까지 환자의 존엄성을 지키면서 끝까지 돌본다는 기관의 사명에 근거하여 추진해온 결과 한국을 대표하는 호스피스 기관으로 발전하게 된 것을 볼 때 세브란스병원의 기독교정신이 병원운영자들에 경제적인 논리에 의해 드러나지 못한 점은 매우 안타까운 일이 아닐 수 없다.

호스피스에서 영적 돌봄은 매우 중요한 영역이며 세브란스 호스피스 초기부터 파송 선교사 성직자들에 의해 이루어져 왔다. 그러나 선교사들이 은퇴한 후에 세브란스 원목실에서 뒤를 이어 계승 발전이 이루어 진 것이 아니라 은퇴 성직자의 봉사형식으로 이 임무가 이어진 점도 아쉬운 대목이다. 각 교단 세브란스 파송 성직자들도 참여를 하였지만 임기가 있어 연속성에 있어 부족한 것이 사실이다. 이미 30년 이상의 호스피스역사를 가진 기관으로서 이 분야에 경험이 풍부한 전문 성직자가 나올 수 있도록 세브란스병원과 원목실의 적극적인 지원이 절실하다고 생각된다. 2014년 새암병원 완공과 함께 12병상의 완화의료병동이 개설되었으므로 병동형 호스피스 · 완화의료는 물론 병실로 찾아가는 완화의료팀의 활동이 활발해졌고 이제 과거의 명성이 높았던 가정형호스피스 · 완화의료까지 이어진다면 세브란스는 이 분야에서 교육 연구 돌봄의 선도적 기관으로 거듭날 수 있을 것이다.

나의 윤리에서 우리의 윤리로: 선한 사마리아인의 비유

이일학

I. 서론

예수는 자신의 메시지를 비유에 담아 전달하곤 했다. 선한 사마리아인의 비유는 받은만큼 돌려주라는 인간의 상식을 벗어난 사랑을 요구하는 맥락(누가복음 10장)에서 등장한다. 자신에게 주어진 의무의 범위 안에서 만족하며 사는 율법 전문가에게 예수는 그 범위를 넘어서지 않으면 구원이 없으리라는 충격적인 교훈을 남긴다. 이 글은 비유에 등장하는 사마리아 사람과 그의 행동에서 힌트를 얻어 논의를 제공할 것이다. 그러나 이 글은 성경의 비유를 알레고리로 해석하는 입장이 아니라 당시의 사회적 상황을 재구성하는데 집중할 것이다. 비유에 등장하는 사마리아인이 어떤 사람인지 구체화하고 오늘날 우리와 비교함으로써 기독교인의 정체성을 가진 의료인으로써 기대할 태도를 찾아낼 것이다.

II. 선한 사마리아인

1. 선한 사마리아인의 비유

어떤 지식인-성경은 율법사라고 소개한다-이 예수님과 대화한다. 그는 자신이 예수님의 가르침을 충실히 따랐다는 인정을 받기 위해 자신이 도와야 할 이웃이 누구인지 묻는다. 예수는 그에게 우리가 자주 들었던 사마리아 사람의 이야기를 해주시고는 '누가 이 사람의 이웃이라고 할 수 있겠느냐?'라고 묻는다. 이는 사마리아인을 철저히 차별하고 무시하던 당시 유태인들에게는 도발적인 질문이었으며, 아마도 율법사는 예수님의 질문에 어떻게 답하기 어려운 곤경에 처했을 것이다. 그는 예수가 "네 친지와 동족, 여기 고통받는 사람이 바로 네 이웃이다."라고 답하시리라 기대했을 것이다. 그는 또 "네가 일어나서 동포를 위해 싸워야 할만한 사람이구나"라는 인정을 바랬을지도 모른다. 하지만 예수는 율법을 철저히 (그리고 유태인의 해석과 전통에 따라) 준수하지 않는 사마리아 사람이라도 인정 받을 수 있다고 말한다. 사마리아인이 유태인의 진정한 이웃이 되었다는 것이다. 내 동족을 지키는 사람은 율법을 아는 사람, 순수함을 위해 목숨을 담보로 걸 각오가 된 사람, 즉 제사장과 레위인이 아니라 실제로 도운 사람이라 선언 한다. 이 설명은 두번째 곤란한 요구를 율법사에게 던지는데 이 대답에 따르면 율법사 자신도 사마리아 사람이라도 – 압제자인 로마 사람이라도, 혹은 부역자라도 – 도와야 한다는 것이다. 나와 비슷한 사람을 좋아하는 것은 당연한 일이며 좋아하는 사람에게 유익한 일을 꾀하고 실천하는 일도 아주 어렵지 않다. 그런데 사마리아인의 비유를 통해 가르쳐 주신 것처럼 민족감정 – 이것은 터부일 수도, 아니면 본능적인 거부감일 수도 있습니다–을 넘어서야 예수를 따르는 것이며 구원이 가능하다는 것은 아마 유태인에게는 무척 어려운 요구였을 것이다.

2. 선한 사마리아 사람과 고대의 의사

사마리아 사람의 처치 방식은 상당한 의학적인 지식을 바탕으로 하고 있다. 이는 이 복음서의 저자인 누가가 의사라는 점과 무관하지 않을 것이지만 또한 사마리아 사람의 행위를 조명하는 면이 있다. 성경의 본문은 다음과 같다.

어떤 사마리아 사람은 여행하는 중 거기 이르러 그를 보고 불쌍히 여겨 가까이 가

> 서 기름과 포도주를 그 상처에 붓고 싸매고 자기 짐승에 태워 주막으로 데리고 가서 돌보아 주니라 (누가 10:32–33)

길가에 버려진 유태인은 심각한 부상을 입었던 것 같다. 레위인이나 제사장이 그를 피해갈 수 밖에 없었던 것도 시신에 손을 대면 부정하게 되는 유대인의 정결법 때문일 수도 있을 정도다. 시체처럼 보일 정도로 심한 손상을 입은 그이에게 사마리아 사람이 한 행동 – 기름과 포도주를 상처에 붓고 싸매는 행동은 외상입은 환자들의 처치에 관해 히포크라테스가 기록한 내용과 매우 유사하다.

> … (외상을 동반한 골절이 있을 경우) 그 부위에는 털을 깎지 않은 양털을 덮고, 미지근한 포도주와 기름을 뿌리도록 한다…[1]

이 구절을 바탕으로 앨버트 존슨이라는 생명윤리학자는 이 사마리아인이 의사가 틀림없다고 추측한다. 그런데 이 의사는 왜 치료에 필요한 '의약품'을 들고 길을 나서야 했을까? 그것은 당시 의사들의 생활상을 생각해보면 어느정도 이해가 가능하다. 히포크라테스 연구자인 에델슈타인이 묘사하는 당시 의사들의 모습은 떠돌이 장인이다.

> 히포크라테스파 의사는 장인(craftsman)이었다. 장인으로서 거주하거나 떠돌아다니면서 환자를 진료하였다. 어떤 마을에 잠시 머무르다가 다시 떠나 다른 마을

---

1 Hippocrates/Jones WHS 역, On Jount, *in* Hippocrates Volume III. (Oxford: Harvard University Press, 1992), 95.

에서 일하고 혹은 온 나라를 떠돌아다니곤 했다. 그가 어느 마을에 머무를 때면 그는 어떤 곳–상점–이나 환자의 집에서 일을 했다. 상점은 진료소가 아니라 하루는 이런 사람, 다음날은 저런 사람을 기다리는 곳이었다. 아픈 사람이 상점에 와서 검사받고 치료를 받았다. 때로 의사가 환자의 집에 가기도 했다.[2]

이 묘사를 보면 수수께기가 더 풀린다. 어떻게 사마리아 사람이 어느 주막에 스스럼 없이 환자를 맡길 수 있었는지, 주막은 또 왜 기꺼이 (비록 회복하고 있었더라도) 환자를 맡아 주었는지의 문제다. 주막은 그가 그저 하루저녁 묵어가는 곳이 아니라 그가 때로는 머물면서 아픈 사람을 기다리고 치료했던 장소, 조금 과장한다면 그 주막은 사마리아 사람의 진료소–병원이었던 것이다.

이제 성경에 등장하는 이 사마리아 사람이 의사라는 것을 알았으니 그 사람의 삶을 조금 더 상상할 수 있게 된다. 그는 체격도 크고 얼굴에 붉은 빛이 도는 아주 건강한 사람이다. 그는 왕진을 가거나 진료를 부탁받았을 때 무슨 호기심에 쓸데 없이 주변을 살피지 않는다. 혹시라도 환자의 부유함에 유혹을 받을까 걱정하기 때문이다. 또 그는 말보다 관찰하도록 훈련을 받은 사람이다. 왜냐하면 쓸모없는 말 때문에 신뢰를 잃는 일이 의사에게는 가장 큰 문제가 되기 때문이다.

지혜를 사랑하는 의사는 신과 같다 …. 이익에 초연함, 삼가는 것 (shamefacedness), 신중함, 존중함, 건전한 견해와 판단, 조용한 논쟁, 순결함, 올바른 언어, 삶에 유

2 Ludwig Edelstein/Owsei Temkin and C. Lilian Temkin 역, Ancient Medicine, (Baltimore: Johns Hopkins Press, 1967), 132.

익한 것과 필요한 것에 대한 지혜 등이다. ... 자주 방문하라, 무엇보다 조심스럽게 검사하고 변화 때문에 놓쳤던 것을 교정하라. ... 환자의 잘못에 주의하라. 환자는 종종 처방대로 행동하지 않는다. ... 환자의 방에 들어설 때는 앉는 방법이나 옷을 처리하는 것도 염두에 두라. 그리고 필요한 것을 할 준비를 하고 있어야 한다.[3]

건강해 보이고 선천적으로 건장해(약간 살이 찐) 보여야 의사의 위엄이 유지될 수 있다. 대중은 육체적으로 뛰어나지 않은 이들이 다른 이들을 돌볼 수 없다고 믿기 때문이다. 또한 의사는 청결하고, 잘 차려입고 좋은 향을 풍겨야 하며 의심스러워 보여서도 안 된다. 이것은 사실상, 환자들을 즐겁게 하는 것이다.[4]

한편 이 시대의 의사들도 동료 의사의 비윤리적인 행위를 인식하고 그 문제의 해결에관심을 가지고 있었던 것은 문헌에서 확인할 수 있다. 떠돌이로 사는 의사는 그 인생의 막막함으로 인해 오늘날과 같은 안락함, 상황을 주도할 수 있는 여력이 없었고 따라서 윤리적 위기에 처해 있었던 것이다.

의료는 모든 기예(arts) 중 가장 뛰어난 것이나, 의료 행위자들의 무지와 이들을 처벌함에 있어 형식적인 태도를 보이는 사람들로 인해 모든 기예 중 가장 무시당한다. 이런 잘못은 의료만이 우리 국가가 처벌의 대상으로 두지 않는 유일한 기예

3 Hippocrates/Jones WHS 역, Decorum, *in* Hippocrates Volume II. (Oxford: Harvard University Press, 1992), 267–301.

4 Hippocrates/Jones WHS 역, The Physician, *in* Hippocrates Volume II. (Oxford: Harvard University Press, 1992), 303–312.

이기 때문이다.[5]

3. 떠돌이 의사의 삶과 윤리

사마리아인 의사는 이 마을에서 저 마을을 돌아다니며 살았다. 이 마을에서 저 마을로 옮겨가는 익숙한 길이라 해도 나귀 한 마리에 짐을 싣고 가는 느린 걸음이고 언제 강도가 그를 덮칠지 모른다. 위험한 길에서 그가 의존할 수 있는 것이란 별로 없기에 한 마을에서 다음 마을로 옮길 때 어디쯤 위치했는지 어떻게 방향을 잡아야 하는지, 그는 수없이 다녀 익숙해진 길과 주변의 지형을 의지하는 수밖에 없다. 그의 세계는 그가 다니는 좁고 위태한 길, 그를 기다리는 환자, 그리고 환자를 기다리고 있겠다고 약속한 진료소로 구성된다. 어떤 의미에서 그의 삶은 환자를 중심으로 돌아간다. 환자가 있는 곳이 그가 가야할 곳이기에 그에게 갈 길을 일러주는 것은 아픈 사람, 환자인 셈이다.

찰스 테일러는 한 인격을 삶의 공간 안에서 이해해야 한다고 이야기 한다. 한 공간에 위치한 사람이 주변을 둘러 보아 발견하게 되는 지평, (지평선, horizon)은 공간을 한정짓는 동시에 그 모양을 바탕으로 자신이 어디에 있으며 어느 방향으로 나아가야 하는지 지시한다. 우리 주인공 사마리아 사람은 '누가 나를 필요로 하는가'를 계속 물어보며 길 위에 올라선다. 길 위에 올라선 이상 다음 마을로 옮겨야 하며, 아픈 사람을 만났을 때 그는 또다시 무엇을 택할 것인지 판단을 실천으로 옮기며 살아갔다. 찰스 테일러가 보기에 이 입장을 취하는 것이 도덕적 자아의 역할이다. 비록 자아는

---

5 Hippocrates/Jones WHS 역, Law, *in* Hippocrates Volume II. (Oxford: Harvard University Press, 1992), 255–263.

끊임없이 변화하는 것이어서 어떻게 규정하는 것이 어렵지만 그의 행위를 통해 간접적나마 파악하고 평가할 수 있다. '나는 누구인가?'하는 질문에 답하기 위해서는 '내게 중요한 것이 무엇인지' 물어야 하고 이 질문은 우리를 '내가 무엇에 헌신했고, 나와 동일시 하는지" 묻게 된다. 인간은 관련시키려는 열망을 갖는다. 서사로 삶을 이해하는데 질적 구별이 결정적 위치를 점한다. 사람들은 자신의 위치를 확인하고 다음 지점, 다음 목적지로 옮겨가야 한다. 이때 이해가 필요하다. 그리고 기준점도 있어야 한다.

사마리아 사람은, 적어도 우리 본문에 의하면, 눈 앞에 쓰러져 죽어가는 사람을 볼 때 그 사람의 민족이 문제가 되지 않았다. 그를 규정하는 것은 유대인–사마리아인의 구별이 아니라 의사–환자의 관계인 것이다. 그의 세계에서 의미있는 규정은 '도움을 필요로 하는 사람인가?'라는 질문의 답으로 얻어진다. 그런 사마리아인의 세계에서는, 다른 이들에게는 가장 강력한 정체성의 근원인, 민족성이 아무런 의미도 없었던 것이다. 그가 헌신한 것은 아픈 사람을 낫게 한다는 것이고 그가 동일시하는 것은 아픈 사람에게 도움이 되는 존재, 의인(medicine man)이었다.

자기 정의는 나는 누구인가 라는 질문에 대한 대답으로 이해된다. 그리고 이 질문은 화자들의 소통에서 최초의 의미를 찾는다. 나는 내가 어느 곳으로부터 말하는지를 정의함으로써 내가 누구인지를 정의한다. 나의 가계에서, 사회적 공간에서, 사회적 지위와 직능의 지리에서(地理), 사랑하는 사람과의 친밀한 관계에서 그리고 또 결정적으로, 나를 가장 중요하게 정의하는 관계가 이루어지는 도덕적, 정신적 방향의 공간에서.

III. 21세기 선한 사마리아인에게

1. 의료: 자선에서 권리와 의무로

예수님의 비유는 '너는 너를 어떻게 생각하느냐?'는 이 질문을 현대로 옮겨서 생각해 보자. 21세기의 의료는 개인인 떠돌이 의사가 할 수 있는 것이 아니다. 그는 팀으로, 시스템의 일원으로 활동해야 한다. 약한 비유겠지만 사마리아인 의사가 믿고 환자를 의탁할 수 있었던 동료들과 약간의 비용을 생각해야 한다. 이들은 어떤 의미에서 현대 의료제도에서 건강보험과 보건의료전달체계에 해당한다. 우리가 근무하는 세브란스 병원만 해도 환자와 관계된 정보를 모으고 결정을 내리며, 그 결정을 실행하는 모든 과정에서 의사는 동료 의료인의 도움을 필요로 한다. 어떤 의미에서 보면 의사의 전문성도 의료 제도 안에 일부로서만 존재가능하게 되었다. 환자와 의사만으로 구성된 관계 아니라 이 핵심을 둘러싼 다른 관계망으로 우리의 이해를 확장시켜야, 우리 기관에서 제공하는 돌봄은, 조심스럽게 말 할 수 있을 터인데, 건강보험제도라는 더 큰 돌봄의 일부로 존재하게 된다. 어떤 의미에서 인류 사회가 달성한 가장 큰 성취의 하나는 의료보장제도라고 할 수 있다. 21세기 대한민국은, 비록 완전하지 못하지만, 모든 국민이 아플 때 병원에서 치료를 받을 수 있을 것이라고 기대할 수 있는 사회가 되었다.

그런데 이런 제도화는 뜻밖의 변화와 함께 한다. 해리 레드너[6]는 복지사회의 도덕과 윤리가 다음과 같은 변화를 일으켰다고 한다. 먼저 공적인

---

6 Redner H., Ethical Life: The Present of Ethical Culture. (Boston: Rowman and Littlefield, 2001), 205-248.

삶과 사적인 삶의 분리다. 다른 이들과 맺는 관계 속에서 위치했던 개인은 일상생활 또는 공적인 책무에서 벗어난 개인의 삶에서 가치를 찾게 되었으며 삶의 공간이 직장과 가정으로 분열되고, 사적인 영역이 개인에게 정체성을 부여하는 기능을 상당부분 취하게 됨에 따라 도덕적 지향점도 달라지게 되었던 것이다. 고전 시대 인간의 행동을 이끌던 책임과 명예는 인권(생명권과 재산권 등)과 자유라는 가치로 변화되었다. 가난한 이들, 병든 사람에 대한 자선(charity)도 의미가 변했다. 근대 이전까지 가난하거나 병든 이들은 (부유함과 명예, 또는 신앙심에서 비롯한) 책임감을 가진 누군가의 도움을 받는 대상이었는데, 근대 사회에서 이들은 권리를 가진 주체로 인정받게 되었다. 즉 의료는 베풂과 받음이 아니라 권리와 의무의 관계 안에 놓이게 되었다. 소위 20세기의 복지국가(the Welfare State)의 이상에 따르면 최소한 가난과 질병의 문제에 있어 누군가의 도덕과 윤리에 의존하는 것은 정상적인 것으로 간주되지 않는다.

어떻게 이런 협력이 가능해졌을까? 건강의 문제는 한 개인의 문제를 넘어 가족 전체가 미래를 전망하고 가치를 추구하는데 있어 근본적인 조건이라는 이해를, 아이러니하게도, 권위주의 국가의 지도자들–독일과 일본의 경우에서 발견할 수 있습니다–이 먼저 가졌고 의료보험이라는 사회안전망을 구축하는 성취를 이루었습니다. 우리나라의 경우는 어떤가요? 우리가 알고 있는 형태의 건강보험은 1960년대 추진되기 시작해서 1977년에 성립된 것으로 기록되어 있다. 권위주의 정부가 수립한 건강보험제도이지만 건강보험–정확하게는 사회보험–에 관한 언급은 1945년 정부 수립시기부터 발견할 수 있고, 법률에도 1950년부터 명시되어 있었다.

보험원리에 의거 국민들이 평소에 보험료를 내어 기금화하였다가 보험사고가 발생할 경우 보험급여를 해줌으로써 국민 상호간에 위험을 분담하고 의료서비스를 제공하는 사회보장제도 (건강보험제도)

병에 걸린 사람을 건강한 사람이 돕는다는 이념은 병이 얼마나 무거운 부담인지 생각해보면 우리가 생각할 수 있는 가장 귀한 발전일 수도 있다. 존 롤스는 이런 사회적 협력은 자기 이익에 관심을 가진 '합리적 개인'이 이익을 보장-증진하기 위해 서로 협력하는 활동일 뿐 아니라 박애(fraternity)의 실천이 될 수도 있다는 점을 강조한다. 당장 이익이 실현되지 않더라도 어려움에 처한 동포에 대한 책임(연대 solidarity)의 실천으로 장기려 박사가 부산에 설치했던 청십자의료조합 같은 경우가 있다.

2. 제도화의 위협

개인의 자선이 아닌 국가와 사회의 기능으로 어려움에 처한 사람을 돌보는 사회는 도덕에 의존하지 않는 사회다. 사회안전망이 촘촘하게 구성된 사회, 즉 현대 사회는 도덕과 무관한 사회(amoral)로 바뀌고 만 것이다. 위에서 박애의 실천을 위한 사회적 협력을 이야기했으나 박애는, 특히 도덕과 무관한 현대사회에서는, 강조하기 어려운 단어가 되고 말았다. 사회안전망의 구축에 기여하는 개인들은 이런 노력을 도덕의 실천이 아니라 개인적 부담이라는 관점에서 본다. 따라서 합리적인 개인은 사회안전망의 수혜자를 좀 더 엄격한 기준으로 제한하고 싶어한다. '노혐'이라는 그 자체로 혐오스러운 단어에 담긴 현실이 그렇다. 마사 누스바움은 기여할 수 없는 사람들, 주장할 수 없는 사람들, 그리고 '우리' 공동체에 속하지 않은 사람들은 분배 정의에 있어서는 평등한 권리를 요구할 수 없다는 의미에서 배제된 집단이며 이들에 관심을 가져야 한다고 지적한다.[7] 이들이 없어도 사회의 보통 구성원들은 우호적인, 협력관계를 유지할 수 있다. 또 배제된 자들은 협력할 능력이 없거나 기회가 제한되었으며 이들은 외모나 정신적 특성에서 사회의 다른 구성원과 동일시되기 어려우며 가족이나 관심있는 옹호자(advocates)들을 통해서만 전달되는 그들의 주장-목소리은 의사결정과정에서 묻혀버리고 만다. 제도가 이끄는 사회의 가치는 합리성, 가장 적은 비용을 들여 동일한 결과를 복제해 내는, 효율성이 추구할 가치가 되었다. 의료기관은 합리적으로 목표를 달성하기 위해 '조직'된다. 인적, 물적 자원을 배치하여 현재의 과제를 해결하고 장래의 발전을 위해 투자한다.

레드먼은 자기 이익의 실현이라는 제한된 의미의 합리성이 도덕과 무관한 사회의 특징이며 특정한 집단의 영향을 최소화하는 방향으로 발전하리라 전망한다. 레드먼의 비관적인 전망이 있는 한편에는 개인의 도덕이 아닌 사회적 협력의 중요성이 대두되고 사회적 협력의 조건으로 정의-특히 분배 정의의 문제가 등장한다. 도덕과 무관한 사회는 물론 도덕이 부재한 사회는 아니지만 그 도덕의 기능은 개인을 보호하는데, 특히 뜻을 밝히고 기여할 수 있는 개인을 인정하는 데 한정된다. 자선을 베푸는 이들이 삶을 유지하는 가치는, 사마리아인이라면 돌봄, 이웃, 복음의 태도는, 다양한 가치의 일부가 되었다. 우리가 듣게 되는 이윤, 지속가능성, 과학적 가치, 성취감 등 다양한 가치 안에 무조건적인 봉사와 사랑이 일부로, 때로 충돌하는 가치로 언급될 뿐이다. 기관의 지향점이나 자기정체성과 같은 윤리

---

7 Nussbaum M., Frontiers of Justice: Disability, Nationality, Species Membership. (MA: Harvard University Press, 2006), 62.

적 가치는 자주 잊혀지고, 혹시 언급되는 경우라도 다른 가치와 충돌하는 것으로 이해된다. 개인의 차원에서는 윤리가 여전히 중요한 가치로 남아 있지만 가치를 추구하는 개인은 조직, 사회의 일원이 되었을 때 더 이상 윤리적 가치를 추구할 수 없거나 그 추구에 제약을 받는다. 그이는 끊임없이 좌절감을 경험하게 됩니다. 윤리는 삶의 맥락에서 유리되고 실질적으로는 아무 영향력없이 공허해 질 뿐이다. 이것을 극복하는 작업이 필요하게 된다.

3. 윤리 환경에 대한 관점

윤리학자의 관점에서 의료기관은 하나의 독립된 우주(moral universe)다. 어떤 도덕적인 현상과 경험은 그것이 인식되고 정식(표현)화 되어 대책을 모색, 실천하고 평가받는 방식과 기준은 그 기관의 독적적 경험으로 구성된다. 기관의 구성원은 기관의 환경에 적응하며 도덕적 추론과정과 의사결정 과정에서 그 환경의 영향을 근본적으로 받는다. 이들은 영향을 받을 뿐 아니라 환경을 변화시키는 존재이기도 하다.

> 환경은 우리의 도덕적 반응을 정당화시킨다 (이것이 합당한 반응이다) 그러나 도덕적 신념은 일시적이고 탐색적이며 불확실하다. 삶의 틀은 일상적, 개인적인 것을 넘어서 욕망과 선택을 판단하는 기준이다.[8]

조직의 일원인 우리는 조직의 관점에서 판단하려 노력한다. 사물을 인식하고 평가하는 모든 과정을 조직에서 인정받는 방식으로 수행하기 위해

---

8 찰스 테일러/권기돈 역, 자아의 원천들, (서울: 새물결, 2015), 52.

(무의식적으로) 취하는 전략은 조직의 명시적/암묵적인 기준을 내면화하는 일이다. 이때 우리에게 더 큰 영향을 미치는 것은 활자화된 문서가 아니라 동료와 상급자들이 행동을 통해 보여주는 암묵적인 기준이다. 암묵적이기 때문에 저항하기 어렵고 이런 종류의 결정방식이 의사결정방식 전반에 퍼져있기 때문에 영향력을 벗어난 다른 영역을 찾아낼 길도 사실상 차단된 상태다. 주의 깊은 관찰, 그리고 자기 반성을 그리고 도덕적인 상상력이 필요하겠으나 이 과정은 훈련과 노력이 필요하다.

조직을 이해하는 한 가지 방법은 조직의 윤리성이 반영된 미션, 윤리강령 등을 살펴보는 것이다. 하지만 더 근본적인 것은 의사결정이다. 성경에서 마태복음 의사결정에 대한 문제제기를 살펴보자.

> 포도원 주인이 청지기에게 이르되 품꾼들을 불러 나중 온 자로부터 시작하여 먼저 온 자까지 삯을 주라 하니 제십일시에 온 자들이 와서 한 데나리온씩을 받거늘 먼저 온 자들이 와서 더 받을 줄 알았더니 그들도 한 데나리온씩 받은지라 받은 후 집 주인을 원망하여 이르되 나중 온 이 사람들은 한 시간밖에 일하지 아니하였거늘 그들을 종일 수고하며 더위를 견딘 우리와 같게 하였나이다 주인이 그 중의 한 사람에게 대답하여 이르되 친구여 내가 네게 잘못한 것이 없노라 네가 나와 한 데나리온의 약속을 하지 아니하였느냐 네 것이나 가지고 가라 나중 온 이 사람에게 너와 같이 주는 것이 내 뜻이니라

포도원 주인은 흥미로운 계산법을 적용한다. 포도원 주인의 관심사는 일할 기회를 얻지 못한 사람이지 추수한 포도에서 얼마만큼 이익을 얻고 나눌 것인지에 있지 않다. 예수님는 이 이야기를 하시면서 제자들도 같은 관점으로 사람을 보기를, 같은 사람이 되기를 바라시는 것 같다.

IV. 연세의료원의 사명과 미션

1. 연세의료원이 인식한 윤리

연세의료원은

하나님의 사랑으로 인류를 질병으로부터 자유롭게 한다.

는 미션을, 그리고 다음과 같은 비전을 밝히고 있다.

연세의료원은 첨단진료, 전문화, 의료기관간 유기적 관계구축을 통하여 양질의 진료를 제공하고 고객을 섬김으로써 가장 신뢰받는 의료기관이 된다.

개척정신과 협동정신으로 새로운 연구영역을 창출하여 의학기술을 선도하는 연구기관이 되며, 다양하고 인간적인 교육으로 가장 배우고 싶어 하는 교육기관이 된다.

알렌, 에비슨, 세브란스의 정신을 이어받아 의료소외지역에 의료와 복음을 전파하여 사랑을 실천하는 의료선교기관이 된다.

이 사명과 소망에 따르는 우리 기관의 모습을, 비록 건조하지만, 다음 윤리강령을 통해 제시한다.

연세의료원은 기독교 정신에 바탕을 둔 미션과 비전을 근간으로 윤리강령을 제정하고, 이를 바탕으로 의료 발전에 핵심적 역할을 수행함으로써, 국민의 사랑과 신뢰를 받는 세계적인 의료기관이 되고자 한다.
이를 위하여 윤리강령을 모든 활동에서의 의사결정과 행동의 판단기준으로 삼는다.

1. 우리는 연세의료원의 구성원으로서 자긍심을 가지고 정직하고 공정한 자세로 성실히 직무를 수행한다.
2. 우리는 구성원 개개인의 인격을 존중하고, 건전한 조직문화를 만드는데 노력한다.
3. 우리는 인간의 존엄성과 고객의 권리를 존중하며 고객으로부터 가장 신뢰받는 의료기관이 되기 위해 노력한다.
4. 우리는 모든 이해관계자와 상호 협력하는 공동체적인 관계를 구축하여 공동의 발전을 추구한다.
5. 우리는 공익활동에 적극적으로 참여하며, 정도 경영을 위해 최선을 다한다.우리는 공공기관으로서 부정청탁 및 금품을 수수하지 아니하고 청렴한 직무수행을 통해 고객의 권익을 보호한다.

이런 사명과 소망, 그리고 윤리강령은 우리 기관이, 지식부터 조직까지 전부가- 하나님에게서 받은 것으로 보존하고 질병으로 고통받는 이들에게 전해지도록 해써야한다는 생각, 청지기 의식의 표현이다. 주인이 아니라서 처분할 권리가 없는, 보존하고 전달하기 위해, 관리하고 유지하며 최선의 결과를 이끌어내도록 노력할 책임이 있다는 것이다. 청지기는 그 주인의 뜻을 묻고 – 그것이 어렵다면 거듭 자문(自問)하며- 그 뜻에 맞게 재산을 관리해야 한다. 주인을 어떻게 알고 있는가 자문하라고 예수님은 청지기 비유에서 말한다. 청지기의 결정은 시대에 대한 이해뿐 아니라 주인에 대한 이해도 필요로 한다.

그렇다면 이런 윤리적 자기 인식은 언제 드러나는가? 기독교 기관이지만 헌신과 은혜가 아닌 지적인 차원에서도 변화되어야 하는 측면이 있다. 분명히 한 사람이 천하보다 귀하다는 예수님의 가르침을 알고 우리에게 부탁하신 환자 한사람 한사람을 그런 마음으로 돌보고 있다. 하지만 그 돌봄은 우리에게 얼마만큼의 헌신을 요구하는지도 생각해 보아야한다. 우리 기관은 2016년 메르스 환자를 받기로 결정했다. 그렇다면 2020년 현재에 우리가 기관 차원에서 결정해야 할 것은 무엇이 있을까? 건강보험의 문제를 피할 수 없을 것이다. 최선을 다해 돌보고 나면 또다시 돌보아야 할 환자가 뒤를 잇기 때문이다. 우리는 제도 안에서 활동하고 있기에 그리고 이 제도는, 비록 많은 단점과 윤리적 위험성에도 불구하고, 성취이기 때문에 제도를 고려하고 그 안에서 판단해야 한다. 결국 우리는 기계적이고 차가운 분배의 문제를 직면하게 됩니다. 분배는 피할 수 없는 문제다. 분배 문제의 가장 큰 위협은 익명성이다. 혼자서 내릴 수 없는 결정을 집단의 이름으로 내리는 경우가 있기 때문이다. 익명의 참여자들이 결정에 도달하는 과정에서 제시할 수 있는 유일한 근거는 숫자, 재정적 성과로 표시된다.

2. 조직문화

의료인은 환자가 만나는 우리 기관의 얼굴이지만 그의 결정은 그의 책임 범위를 벗어난 결정인 경우가 있다. 어떤 결정을 내리고 실천하는 일은 그의 양심의 문제라고 보는 것이 마땅할지 모르지만 그 배후에는 의료기관의 가치가 자리한다. 의료기관의 가치가 수립되고 공유되며 실제 결정에 영향을 미치는 방식에 관심을 가져야 하는 이유다.

이런 조직의 문화는 일상화된 의사결정의 내용과 방식을 통해 발견할 수 있는데, 조직에 속한 개인은 자신과 조직의 의사결정과정에 관심을 갖지 않는다. 이런 자연스러운 현상을 의심하고 검토하는 일은 조직의 차원에서 중요하다. 의료기관의 조직윤리는 의료기관 내외의 윤리적 변화에 기관이, 조직의 차원에서, 어떻게 반응하는지 관심을 가진 윤리학의 한

분야로 특히 의사결정 과정과 그 내용에 관심을 갖는다.

의료기관의 조직문화에 관한 연구에 따르면 의료기관 조직 문화는 권력형, 직무/관료형, 그리고 성취/혁신형으로 구분된다. 권력형 조직은 의료기관 내에서 어떤 결정을 내릴 때에는 권한을 가진 사람–책임자가 누구인지 찾으며 그의 결정에 관해서 의문을 제기하는 것은 금지된다. 이런 조직 내부에서는 암묵적 규정이 명시적 규정에 우선되며 모든 성원은 상급자에 대한 충성을 요구받고 대신 안전성과 통제력을 보장받는다. 우리 병원과 같은 대형 조직은 권력형 조직의 특성뿐 아니라 관료적 특성도 갖는다. 관료조직은 공식적 절차와 명시적 규율을 따지며 위험을 최소화하는데 관심이 집중된다. 이 조직 내에서 개인은 조직의 일부로 이름이 아니라 직위를 통해 권한을 인정받는다. 이런 비인격적인 문화는 예측가능한 환경을 형성한다는 데서, 효율성(반복의 보장)과 생산력을 돌려 받게 된다. 한편 의료원의 상위직은 이런 기본적 특성 외에도 성취와 혁신을 강조하는 '사명중심'의 조직문화도 요구받는 것 같다. 팀활동을 강조하고 과제의 요구에 맞추어 자율성과 유연성을 갖추고, 의사결정권을 가능하면 실제 업무에 종사하는 이들에게 이양하고 끊임없이 지식과 기술을 습득하는 이런 조직의 특성이다. 경험상 우리 의료원은 진료현장에서는 권력이 집중된 권력형 조직인 동시에 갈등이나 공식적인 결정이 필요한 단계에서는 직무과 관료적 위계가 강조되는 문화가, 리더십은 지속적으로 성취를 강조하는, 서로 다른 조직 문화가 경쟁하는 것처럼 보인다. 개인은 이런 다른 문화 속에서 요구되는 역할을 바탕으로 정체성을 구성합니다. 임상종사자로, 조직관리자로, 그리고 개혁자로 자신을 인식함에 따라 서로 다른 입장과 판단방식을 갖고 행위하는 것 같다. 그런데 아직 조직의 위계에서 하위단계에 위치한 이들은 이 과정에서 유연성을 발휘할 기회가 없이 주어진 업무를 수행하는데 몰두할 수밖에 없다. 그리고 이들이 조직문화–조직윤리의 모순에 가장 큰 영향을 받는다. 문제는 이들의 결정이 조직의 윤리적 환경을 형성한다는 것이다. 이들은 조직의 윤리적 문제를 먼저 인식할 수 있는 위치에 있으나 어떤 영향을 미칠 수 없다고 생각하면 침묵을 선택한다. 자신이 인식한 문제가 미칠 결과를 무시하거나 단기간의 이익에만 집중할 수도 있고, 문제의 심각성 자체도 잘 못 평가한다. 이런 분위기가 하위직에서 상위 관리직까지 편만하게 될 때, 종종 조직은 발생하는 문제를 직면하여 원인과 해결책을 찾지 못한 채 자기 조직의 유지에만 집중할 위험(팀이 우선이다!와 같은 태도는 기관의 사명과 환자에 대한 관심보다 자신이 속한 직종과 소속 부서의 이익을 우선시하는 잘못된 태도를 유발할 수 있다)이 있다.

V. 결론

이 글은 사마리아인의 경계를 넘어선 봉사가 기관 차원으로 확장되는 과정을 그려내는 것으로 시작했다. 이런 확장의 결과로 발생한 개인적 도덕과 조직의 윤리적 둔감함에 대한 적절한 태도를 생각해 보았다. 의료기관은 개인과 마찬가지로 판단하고 결정하고 행동하는 주체임을 좀더 강조하고 싶었고, 우리 기관이 우리의 의사결정 방식에 관심을 가져야 할 필요성을 이야기했다. 의료기관의 구성원이 집단이 내리는 의사결정에 관심을 가진 동료들이 좀 더 늘어나기를 기대한다. 우리의 도덕적 결정은 환경의 영향을 받지만 동시에 환경을 형성하기 때문이기도 하다.

동료와 전문가: 보건의료인의 관계윤리

-돌봄 제공을 위한 의료공동체에서의 관계 윤리적 이슈-

김상희
이일학

I. 시작하는 이야기

환자를 돌보는 경험 중에서 특히 인상 깊게 남는 상황(Context)이나 기억되는 동료(Fellow)가 있는가? 생과 사를 넘나드는 환자를 돌보는 경험 속에서 특히 동료에게 고맙다고 생각되는 순 간(Moment)은 언제인가? 급박한 임상현장의 상황에서 고마운 동료로 기억에 남는 사람들이 누구 였는지를 떠올리는 한 간호사의 내러티브 이야기를 들어보기로 하자.

"새벽 오히려 미명, 한 간호사의 발걸음이 분주하다. 밤 사이 심해진 폐렴 때문에 호흡부전이 와서 기관을 삽관하게 된 환자를 중환자실로 보내고 다른 환자들을 돌아보던 중, 상부위장관 출혈이 재발하여 토혈을 하게 된 환자를 돌보고 있다. 이미 병실은 환자가 토해 놓은 피와 토물로 뒤범벅이 되었고, 같은 병실의 환자들은 잠에서 깨어나 병동 복도를 배회하기 시작한다.

이런 상황에서 함께 밤근무를 하는 동료 간호사 김 선생님은 불안해 하는 병실 환자들을 안 정시키고 토혈을 하는 환자를 처치실로 함께 이동하도록 도와준다. 내가 환자에게 투여할 수 액을 준비하는 동안, 능숙한 솜씨로 혈압이 떨어진 환자의 찾기 어려운 정맥혈관을 잡아 주 셨다. 이후 김 선생님은 본인이 맡은 환자의 라운딩을 마친 후 내가 맡아야 하는 다른 환자 들의 라운딩을 하고 계시다. 당직 인턴과 파트 담당 레지던트 선생님들과 함께 환자상태를 살피고 필요한 처치를 하기 시작한다. 마침 병동을 지나가던 3년차 레지던트 선생님이 그들을 도와 비위관을 삽관하였다. 그는 당직도 아니고, 환자의 담당파트도 아니다.

아침 첫 케이스로 내시경 시술을 통해 지혈을 하기 전까지 환자에게는 소모된 혈액을 보충하 기로 했다. 혈액교차시험을 위해 혈액샘플을 운반하고, 준비된 혈액을 받아오고…… 이 모든 과정에 서 운송 시스템을 이용할 수 있겠지만, 응급상황에서는 기능원 고 주임님이 더 빠르다. 퇴근 시간도 미루어가며 직접 가져다 주셨다. 초밤번 간호과장님께서는 라운딩을 하다 혹시 추가 인력의 지원이 필요한지 살피고 계신다. 다행히 곧 아침번 간호사들이 출근할 시간이라 추가 인력은 필요하지 않을 것 같다고 말씀 드렸다.

아침 당번으로 출근하신 청소용역 여사님은 이미 한 눈에 상황을 파악하신 듯 하다. 병실을 조용히 정리하고, 시트를 갈고, 정리정돈과 소독을 담당해 주셨다. 병실과 처치실 환경은 밤 사이 큰 일 없었던 듯 정리가 되어가고 있다. 밤 사이 중환자실로 내려 보내 집중케어를 받 는 환자와 지금도 토혈로 힘들어 하지만 활력증상이 잘 유지되며 곧 내시경 지혈을 받을 예 정인 환자, 그리고 담당 간호사인 내가 보낸 가장 긴 새벽이 지나가고 이제 다시 일상적인 아침이 시작되고 있다."

(23년차 간호사가 회고하는 어느 감사한 새벽)

본 원고에서는 기독교 생명윤리 관점에서 돌봄을 위한 의료공동체에 대해 성경이 전하는 메시지를 고찰하고, 지금까지 의료윤리 분야의 문헌에서 다루어진 보건의료인의 관계에서의 윤리 적 이슈를 탐색한 후, 2010년대를 살아가는 한국의 3차 의료병원에서의 실증적 현상을 살펴보고자 한다. 이후 성경적 시각과 선행 연구들이 제시한 관점을 근거로 돌봄 제공을 위한 의료공동체 에서의 관계 윤리적 이슈의 현황을 재조명하여 좋은 기독교적 돌봄 공동체를 유지하고 실행하기 위해 가능한 대안을 찾아보고자 한다.

II. 성경적 관점에서 바라본 돌봄 공동체의 원리

"하나님의 사랑으로 인류를 질병으로부터 자유롭게 한다"는 것은 연세의료원이 가진 미션 으로(연세의료원) 지난 1994년 공표된 이래 연세의료원의 의료철학을 담는 핵심 캐치프레이즈로 알려져 왔다. 연세의료원이 타 병원과 가장 차별화되는 의료철학은 성경적 관점을 근거로 한다는 것이다. 이러한 성경적 시각은 이 기관에서 돌봄을 제공하는 보건의료인에게도 동일하게 적용되는 기관의 철학이다.

돌봄 공동체에서 돌봄의 달란트를 제공하는 보건의료인에게 요구되는 성경적 원리를 찾아 보려 한다면 여러 본문을 근거로 들 수 있을 것이다. 그 중에서도 구체적으로 돌봄이 요구되는 대상자를 대하는 전문인이 가져야 하는 품성, 정체성, 태도에 대해 성경에 나타난 예화, 비유, 구 절을 통하여 성경적 관점을 추론할 수 있다.

첫째, '선한 사마리아인"의 예화 (누가복음 10장 25절-37절) 속에 등장하는 사마리아인의 품 성이다. 사마리아인의 비유 마지막에 예수께서 하시는 질문은 "누가 강도 만난 자의 이웃(Fellow) 이 되겠는가?" 하는 것이며 뒤이어 "가서 너도 이와 같이 하라"라고 말씀하신다. 즉, 약자에 대한 긍휼과 자비, 차별 없는 대우, 책임 있는 행동을 실천하는 전문인으로서의 품성이 요구된다고 적용할 수 있다.

둘째, '몸과 지체'의 비유 (고린도전서 12장 12절-31절)는 돌봄을 제공하는 의료공동체에서 전문인들이 가져야 하는 정체성을 잘 나타내고 있다. 의료공동체는 유대인이나 헬라인, 종이나 자 유인과 같은 다름이 존재하긴

하지만 한 성령으로 세례를 받아 한 몸이 되었기에 본질적으로 같음이 존재하는 집단이다. 즉, 사도나 선지자, 교사, 능력을 행하는 자, 병 고치는 은사 등등의 세움을 받은 정체성을 지녔지만 그리스도의 몸을 구성하는 지체의 각 부분으로 함께 고통과 영광을 받는 연결된 지체의식이 요구된다고 하겠다.

따라서, 이러한 전문인이 가지는 품성과 정체성을 바탕으로 동료와 전문가로서 가져야 할 태도는 '그리스도 예수의 마음' (빌립보서 2장 1절–11절)으로 요약할 수 있을 것이다. 환자의 건강을 위하여 서로 다른 직종의 전문인이 치료의 목표를 위해 "마음을 같이하여", "다툼보다는 겸손 한 마음으로 자기 일을 돌볼 뿐 아니라 다른 사람들의 일도 돌보아" 살피는 협력의 태도가 요구 된다고 하겠다.

III. 문헌 속에 나타난 의료사회에서의 동료와 관련된 윤리적 이슈: multiple Cs

여러 의료윤리 관련 문헌에서 의료인 사이의 관계를 다룬 내용은 크게 긍정적이거나 부정 적인 개념으로 양극화 사이에 놓여 있음을 알 수 있다. 이렇게 양극화 사이에 놓인 주제를 영문 자 C로 요약하여 정리해 볼 수 있는데 즉, 협력적 실무 (Collaborative Practice), 갈등 (Conflict), 전문직 윤리강령 (Code of Ethics), 윤리적 풍토/문화 (Ethical Climate/Culture), 도덕적 고뇌의 원인 (Cause of moral distress)이다.

첫째, '의사와 간호사: 친구인가 혹은 적인가?' 라는 자극적인 제목의 논문에서는 (LeTourneau, 2004) 시대의 변화에 따라 의사와 간호사의 역할이 친구관계로 변해야 한다고 주장 하고 있다. 최근 들어 전문직역간의 '협력적 실무 (Collaborative Practice)의 윤리'를 논할 수 밖에 없는 상황에 대해 특히 환자의 안전, 양질의 의료 서비스, 경제성이 중요한 의료영역의 성과로 평 가되기 시작하였고, 이런 상황에서 단일 직종만의 역량으로는 환자를 위한 최선의 돌봄을 제공하 기가 어렵기 때문이므로 직역간 협력이 필수적이라고 역설하고 있다.[1]

둘째, 그러나 협력적 실무보다 더 많은 수의 문헌이 더 자주 다루는 핵심적인 주제는 의사 와 간호사 사이의 '갈등 (Conflict)'에 관한 것이다. 갈등의 내용이 무엇이며, 언제, 어떻게 발생하며, 어떻게 해결하는 것이 좋을지에 대한 주제는 여전히 의료윤리학의 주요 쟁점이 되고 있다. (Kälvemark, Höglund, Hansson, Westerholm, & Arnetz, 2004) 이러한 갈등에 대해 과제갈등 (Task conflict), 관계갈등 (Relationship conflict), 그리고 과정갈등 (Process conflict)으로 세분화 하여 살 펴볼 수 있다.[2]

표면적으로는 갈등이 적고 협력이 잘 일어나는 조직이 건강하다고 생각할 수 있을 지 모르겠지 만, 환자를 중심에 두고 생각하면 단순하게 이원론적으로만 접근하기에는 한계가 있다. 의료진 사 이의 갈등은 환자 상태에 대한 의학적 판단이나 윤리적 판단의 불일치가 일어나는 경우에 발생하 는데 (과제갈등) 각 직종간에 이러한 판단 불일치의 배경에는 '환자에게 가장 좋은 것은 무엇인가?'에 대한 입장차이에서 발생할 수 있기 때문이다. 의사-간호사 관계에서도 '환자를 위한 최선의 결정'에 대한 전문직의

---

1 Engel J, Prentice D, The ethics of interprofessional collaboration. Nursing Ethics 20, no.4, 426-435. doi: 10.1177/0969733012468466.

2 이병주, 김명언, 의사와 간호사 간 관계에서 나타나는 갈등의 유형, 원인 및 비대칭성, 한국심리학회지: 산업 및 조직, 25, no. 1,(2012), 1-25.

자율적 판단에 근거한 입장 차이를 자유롭게 논의할 수 있어야 환자의 '옹호자'로 역할을 할 수 있을 것이다.[3]

한편, 의사 12명, 간호사 7명을 대상으로 한 탐색적 연구에서는 각 유형별로 관계갈등이 8개, 과정갈등이 7개, 과제갈등이 1개의 유발요인으로 규명되었다. 즉, 임상현장에서 일어나는 갈등의 유형으로는 판단 불일치로 발생하는 과제갈등 보다는 태도나 의사소통 미숙으로 인해 발생하는 관계갈등(무시하는 태도, 상호존중 부족, 부정적 태도)이나 과정갈등 (업무흐름 파악 부족, 책임의 식 부족, 책임 전가, 업무영역 중복, 의사소통 미흡)이 더 많으며[4] 이러한 갈등이 결국 직무만족 저하나 조직몰입 저하와 같은 부정적 결과로 연결된다.

셋째, 전문직 윤리강령 (Code of ethics)이다. 간호사의 경우 나이팅게일 선서를 통해 '보건 의료인과 협조하겠고, 간호를 받는 사람들의 안녕을 위해 헌신하겠다'는 다짐을 한다. 또한 국제 간호사협회 윤리강령에서는[5] 간호사의 책임이 환자의 건강증 진, 질병예방, 건강유지, 고통완화에 있음을 밝히고 이를 위하여 환자, 실무, 전문직, 협력자와 관 계에서 기본이 되는 내용을 기술하고 있다. 특히 최근에 개정된 윤리강령에서는 간호사가 가지는 사회적 책임을 강조하고 있으며 이러한 국제간호사협회 윤리강령에 근거하여 대한간호협회에서도 간호사는 '보건의료종사자의 고유한 역할을 존중하며 국민 건강을 위해 상호 협력'하겠지만 간호 사의 윤리적

---

3 김상득, 간호윤리의 본질에 대한 윤리학적 고찰–간호사와 의사의 관계를 중심으로. 한국의료윤리학회지, 17, no. 2, (2014), 172~186.

4 이병주 & 김명언, 앞의 글.

5 International Council of Nurses, (2012). The ICN Code of Ethics for Nurses Geneva: International Council of Nurses.

판단에 근거하여 '부당하고 비윤리적인 의료행위에 참여하지 않음'을 선언하고 이에 대한 지침을 제시하고 있다.[6]

넷째, 협력과 갈등이라는 양극단에 영향을 주는 요인 중 하나로 윤리적 풍토 혹은 문화 (Ethical Climate or Ethical Culture)를 꼽을 수 있다. 기관의 윤리적 풍토나 문화는 각 직종간의 관 계에서 협력과 갈등을 어떻게 만들어 가는가에 큰 영향을 끼친다. 즉, 갈등의 비대칭성을 유발하여 문제해결을 어렵게 만들 소지가 있는 것이다. 직종 내에서도 권위의 차이는 갈등의 비대칭성을 잠재적으로 유발할 소지가 있다. 이러한 갈등은 윤리적 풍토 및 문화와 결합하여 직업 만족도, 스트레스, 이직의도 등에 영향을 미칠 수 있다. 국내 33개 공공의료기관의 1826명을 대상으로 한 연구에 따르면, 간호사가 환자와 관련된 윤리적 환경에 대해 긍정적으로 인식할수록 의료과오를 덜 경험하고, 간호사가 환자, 관리자, 병원조직, 의사에 대한 윤리적 환경에 대해 긍정적으로 인식할수록 이직의도가 줄어든다고 보고하고 있다.[7] 따라서 직장 내 윤리적 풍토를 긍정적으로 조성하는 일이 매우 중요하다고 하겠다.

또한 협력이나 갈등이라는 상황에 영향을 주는 우리나라 의료사회의 문화를 고찰할 필요가 있다. 특히 여성주의 윤리 시각으로 바라볼 때 우려할 점이 많이 있다. 여성주의 윤리는 힘의 지배가 어느 방향으로 향하는 지에

---

6 대한간호협회, 한국간호사 윤리선언, 2nd Retrieved June 08, 2016, from http://koreanurse.or.kr/about_KNA/ethics.php.

7 Hwang J-I, Park H-A, Nurses' perception of ethical climate, medical error experience and intent-to-leave. Nursing Ethics 21, no. 1, (2014), 28–42. doi: 10.1177/0969733013486797.

대한 관심이 있다.[8] 즉, 힘의 불균형은 윤리적 실무를 방해하는 현상이므로 이에 대한 균형이 요구되는데 전통적으로 간호사는 여성이, 의사는 남성이 역할을 담당해 오면서 이는 다시 젠더 이슈와 맞물리게 되어 의료계에서의 역할과 무관한 힘의 불평등이 야기되는 상황이다. 그러나 최근 들어 간호계에 늘어나는 남성 간호사의 비율, 의료계에 늘어나는 여성 의사의 비율, 및 양성평등 존종 문화 등의 외적 환경의 변화는 이러한 젠더 이슈 가 제기된 과거의 임상실무현장과는 다르게 변화하고 있다고 여겨진다. 그러나 갈등을 넘어선 협 력적 실무를 이끌어 가기 위해서는 임상현장에서의 문화적 개선 노력이 더욱 요구된다고 생각되어 진다.

다섯째, 도덕적 고뇌의 원인 (Cause of moral distress)에 대한 이슈를 제기할 수 있겠다. 어떤 상황과 맥락에서 직종 간의 갈등이 일어나는가? 의료현장에서 전문성을 가진 개인이 디스트레스 를 경험하게 하는 원인은 무엇인가? 많은 수의 의료인들은 어떤 상황에서 윤리적 딜레마를 경험 하는가? 한 연구에 따르면,[9] 환자를 직접 대하는 간호사를 비롯한 직역의 도덕적 고뇌 정도가 직접 대하지 않는 직역에 비해 유의하게 높으며, 도덕적 고뇌는 윤리적 풍토와 역상관관계가 있다고 보고하고 있다. 환자를 대함에 있어 의사소통의 장애와 돌봄의 연속성이 유지되지 못하여 환자 상태가 악화되는 것을 지켜보는 것이 가장 디스트레스를 많이 경험하게 되는

---

8 Grace P J, Nursing Ethics and Professional Responsibility in Advanced Practice (2nd ed.), (Burlington,: Jones & Bartlett Learning, 2014).

9 Whitehead PB, Herbertson RK, Hamric AB, Epstein EG, Fisher JM, Moral Distress Among Healthcare Professionals: Report of an Institution-Wide Survey. Journal of Nursing Scholarship, 47, no. 2, (2015), 117–125. doi: 10.1111/jnu.12115.

상황이라고 보고되었고, 특히 여러 임상 현장 중에서 성인 중환자실에 근무하는 의료진의 고뇌 정도가 다른 영역에 비해 유의하게 높다고 보고하고 있다.

국내에서 시행된 간호사의 도덕적 고뇌에 대한 개념분석연구에서, 간호사가 경험하는 도덕적 고뇌는 부정적 진료행위나 간호행위, 불합리한 조직행정 등의 도덕적 문제를 내포한 간호상황, 도덕 적 행동을 어렵게 하는 내외적 제약에 대한 인지상황에서 일어난다고 보고하고 있다. 이러한 상황에 대한반응으로는 회피, 묵인, 마찰, 이직 등으로 표현되는 부정적 행동반응이나 분노, 좌절, 죄 책감, 미움, 간호직에 대한 회의, 점차 무뎌짐과 같은 부정적 정서반응을 나타낸다고 기술하고 있다.[10]

IV. 문헌 속에 나타난 의료사회에서의 동료와 관련된 윤리적 이슈: Professional Dignity

협력과 환자를 옹호하기 위한 건강한 갈등이 존재하는 의료사회에서 동료와의 관계가 잘 유지되기 위해서는 각 직종 간의 '전문직 존엄(Professional Dignity)'이 잘 유지가 되어야 한다. 이러한 전문직 존엄은 각 직종에서의 전문직 윤리가 잘 지켜질 때 타 직종에 의해 인정될 수 있다(권복규, 2012). 즉, 의사는 동료들과 함께 세운 전문직 표준과 전문직 윤리의 틀 내에서 그들의 전문적 자율성을 발휘하며 의사다움을 유지해야만 존중 받

10 유명숙, (2004), 간호사의 도덕적 고뇌 개념분석, 간호행정학회지, 10, no. 1, (2005), 49−62.

을 수 있는데 이러한 전문적 자율성에 근거한 전문직 존엄이 유지되려면 사회가 기대하는 도덕적 의무에 대한 이행과 사회가 제공하는 적절한 대우의 균형이 이루는 유기적인 피드백이 요구된다.

간호의 경우에도 일상적 간호상황에서 간호사의 전문직 존엄은 사회 및 보건의료인 사이의 관계에서 영향을 받는다고 한다. 이탈리아에서 11개의 그룹, 총 72명의 간호사를 대상으로 포커스 그룹 인터뷰를 하여 분석한 연구결과에 따르면,[11] 간호사가 전문직 존엄을 경험하게 되는 것은 다음과 같았다. 첫째, 간호사는 팀이나 동료 사이의 관계에서, 혹은 일반 대중이나 사회적으로, 혹은 자기개발 등을 통해, 전문적 자율성을 인정받는 상황 등에서 간호사로서 인정받고 성취감을 경험했을 때 '전문직 존엄'을 경험하게 된다고 한다. 둘째, 간호사는 외적으로 요구되는 전문직 역할 이상의 가치를 내적으로 스스로가 인지하게 되었을 때 '전문직 존엄'에 이르게 된다고 한다.

복잡하고 거대한 의료현장에서 보건의료인들은 어떻게 서로의 전문직 존엄을 인정하고 인정받을 수 있을까? 전문직 존엄을 표현하는 방법 혹은 전문직 존엄이 훼손 받았다고 느끼게 되는 상황에는 대개 의사소통이 매개체가 된다. 한 연구에 따르면, 간호사가 의사에게 '전문직 존엄'을 손상 받았다고 느끼는 상황은 '무례한 대우를 당할 때, 간호교육제도나 간호학석/박사과정에 대해 폄하할 때, 환자에 대해 중요한 의료적 결정에 대해 논의나 설명 없이 일방적으로 통보하고 수행하라고 요구할 때,' 등으로 기

---

11 Stievano A, De Marinis MG, Russo MT, Rocco G., Alvaro R., Professional dignity in nursing in clinical and community workplaces, Nursing Ethics. 19, no. 3, (2012), 341–356, doi: 10.1177/0969733011414966.

술하고 있다.[12] 그러나 이와는 반대로 의사-간호사의 역할 전문성에 근거한 개별적 자신감에서 기인한 협력에의 자신감, 직역간의 상호 존경, 지속적인 직역간 신뢰를 표현하게 되면 간호사-의사와의 전문직 간의 관계에서 성공경험을 가지게 된다고 하겠다.

V. 현실 의료환경에서 나타난 관계 윤리적 이슈: 경험적 연구

현실 의료환경에서 나타난 관계 윤리적 이슈를 이해하기 위한 실증적 통계자료를 분석해 보면, 다음과 같다. 일 예로 2013년 세브란스병원 통계연보에 따르면(세브란스병원, 2014), 2013년 기준 연간 684,430명 (1일 평균 1,875명)의 입원환자와 연간 2, 084,284명 (1일 평균 7,649명)의 외래 내원 환자를 간호사 1,506명, 의사 1,099명 (교수직 422명, 강사/조교직 123명, 수련직 554명), 임상병리사 130명, 방사선사 126명, 약사 106명, 영양사 10명, 사회사업가 6명의 직원들이 함께 돌봄을 제공하였다. 이외에도 기능원 330명, 사무원 165명, 의무기록사 34명이 참여하고 있으며 기타 청소, 보안 등등 의 용역업체 직원도 환자를 위하여 그들의 수고를 더하고 있다. 즉, 여러 직역의 직원들이 지체를 이루며 환자를 돌보는 공동체의 일원으로 참여하고 있는 것이다.

---

12 Sabatino L, Kangasniemi MK, Rocco G, Alvaro R, Stievano A, Nurses' perceptions of professional dignity in hospital settings, Nursing Ethics 23, no. 3, 2016, 277-293. doi: 10.1177/0969733014564103.

앞서, 환자를 돌보는 의료공동체에 대한 성경적 관점과 여러 윤리 관련 문헌에서 이론적으로 다루고 있는 의료윤리 이슈들을 살펴보았다. 거대 의료 환경의 장에서 공동체가 겪는 현실적인 경험에 대한 실증적 자료는 그리 많지 않지만, 간호사를 대상으로 필자가 지난 3년간 임상 간호사를 위해 진행한 '임상윤리지원 서비스 개발 및 효과'에 대한 연구나 의사들을 대상으로 소수의 인터뷰 자료를 근거로 볼 때, '협력적 실무'나 '윤리적 자신감' 과 같은 긍정적 경험 보다는 '갈등', '고뇌', '딜레마'와 같은 부정적 경험이 더 우세한 듯 하다.

실증적 자료를 토대로, 현실 의료환경에서 나타난 윤리적 이슈에 대해 다음의 두 가지 질 문을 할 수 있겠다. 첫째, 누가 언제 좋은 동료가 될 수 있는가? 혹은 누가 언제 좋은 동료가 되지 못하는가에 대한 질문을 바탕으로 한 '정체성' 논의와 둘째, 어떤 상황이 윤리적 딜레마 혹은 도덕적 고뇌에 빠지게 만드는가에 대한 질문을 바탕으로 한 '주제' 논의이다. 이러한 질문에 대한 답변으로, 어떻게 하면 이런 어려움을 극복할 수 있는가에 대한 '대안'이 논의 되어야 할 것이다.

첫째, 누가 언제 좋은 동료가 될 수 있는가? 레지던트 1년차를 대상으로 포커스 그룹 인터뷰를 한 결과, 간호사를 비롯한 타 직종 직원들과의 '좋은 관계' 혹은 '고마웠던 경험', '동료로서 인식이 되었던 상황'에 대한 긍정적 경험은 그리 많지 않지만, 작은 정도의 경험 중에는 환자를 위한 치명적 실수가 발생하지 않게 걸러주거나 환자를 위한 설명을 미리 해 줄 때, 환자에 대해 같이 걱정할 때 동료의식을 경험했다고 이야기 하고 있다. 그러나 대부분의 경우 감정 상하는 의사소통의 문제, 의사소통을 했음으로만 마무리된 기록에 남겨진 해결되지 않은 문제로 인하여 전문직 존엄은 훼손되는 경험을 토로하고 있다.

한편, 간호사가 바라보는 '좋은 의사'의 모습은 전문지식을 갖추고 협동할 줄 알며, 경청을 포함 한 좋은 의사소통 능력을 갖추고 무엇보다 인격적으로 성숙한 의사라고 답변하고 있다. '좋은 의 사'는 환자에게 권위적인 태도를 취하지 않으며 환자의 입장에서 공감하고 친절히 설명하며 가족처럼 대해 주는 특징을 보인다고 답하고 있다. 또한 '좋은 의사'는 간호사의 의견을 경청하고 예의를 갖춘 의사소통을 하며, 동등한 의료인으로 인정함으로써 협력적 관계를 형성한다고 응답하였다. 그러나 이런 좋은 의사는 극소수이며 대다수의 보통 의사들에 의해 마음이 상하게 되는 경험을 많이 하게 된다고 토로하고 있다.

둘째, 어떤 상황이 윤리적 딜레마 혹은 도덕적 고뇌에 빠지게 만드는가? 중환자실, 암센터, 응급실, 입원간호팀 4개 그룹의 간호사 총 17명을 대상으로 포커스 그룹 인터뷰를 한 결과에 따 르면(Kim, Seo, & Kim, 2016), 근거중심의 실무가 실현되지 않는 상황이거나 환자 혹은 가족의 존 엄이 유지되기 어려운 상황, 여러 윤리적 이슈에 대해 어떻게 대처해야 하는 지 배우지 못한 채 반응해야 하는 상황, 전문가적 자존감을 잃어버리게 된 상황, 조직의 도움을 기대하였지만 충분한 도움을 받지 못한 상황 등에서 윤리적 딜레마를 경험하게 한다고 보고하고 있다.

그렇다면 어떻게 이러한 어려움을 극복할 수 있겠는가? 임상간호사 100명을 대상으로 한 연구에서[13] 간호사들은 윤리교육이나 윤리지원서비스가 개시된다면 참 여하겠다고 응답하면서 가장 교육요구도가 높지만 윤리적 자신감이 낮은 부분의 주제가 갈등관리, 나쁜소식 전하기, 진실 말

13 Kim S, Kim DR, Seo M, Lee S, Factors influencing Clinical nurses' ethical competence in Korea (2016).

하기, 가족중심의 간호, 생애말기 간호, 치료의 중단 및 보류와 같은 주제들이라고 기술하고 있다.

의사와 간호사가 각각 전문직에 기대하는 바대로 '좋은 동료' 가 되어가기 위해서는 '좋은 동료'가 되지 못하는 방해요인은 무엇인지, 시스템이나 교육 등 후천적 조건을 개선하면서 달성할 수 있는 방법은 무엇인지, 어떤 의사소통이 '좋은 동료'로 인식하게 하는 방법인지에 대한 지속적인 연구 및 실무에서의 노력이 서로의 gap을 메꾸는 하나의 시작이 될 듯 하다.

VI. 맺는 이야기

연세의료원을 비롯한 기독교계 의료기관은 130여년 전 이 땅에 온 선교사에 의해 시작되어 국내외 환자들을 대상으로 의료를 통한 소명을 다하고 있는 기관들이다. 이러한 기독교 의료기관이 가지는 기독교적 관점에서의 생명윤리, 의료윤리의 접근은 역사 및 철학이 다른 비기독교 의료기관과는 뚜렷이 구분 되어 기독교 신앙에 기반한 좋은 문화를 세우고, 이를 확산시켜야 할 의무가 있다고 생각된다. 어떻게 기독교계 의료기관에서 생명의료윤리 존중 문화를 보건 의료전문가 사이에서, 동료들 사이에서 세워갈 수 있겠는가? 전략이 있다면 무엇이겠는가?

먼저 기본으로 돌아가서 성경의 가르침에 근거하여 (Back to the Bible) "서로 돌아보아 사랑 과 선행을 격려하는 일"이 필요하겠다. 매주 시행되는 의료원 예배를 통하여 우리의 핵심가치인 기독교 정신을 성경말씀에 근거하여 확인하는 작업은 중요한 듯 하다. 기독교계 각 의료기관에서 추진하는 친절 직원의 내부추천제도는 기독의료인으로서의 역량을 보여주는 직원을 발굴하여 그들의 전문직 존엄을 인정하고 격려하는 좋은 전통으로 추천할 만하겠다.

기독교계 의료기관에서 생명의료윤리 존중 문화와 풍토가 조성될 수 있도록 변화시키는 시도가 필요 하겠다 (Changing ethical climate and culture). 각 기관이 생명의료윤리포럼을 기획하여 진행하게 된다면 이러한 프로그램은 윤리문화 및 풍토를 변화시킬 수 있는 동력으로 작동될 것이다. 더 나아가 환자 한 명 한 명의 돌봄 과정에서 갈등이 되는 문제를 함께 고민하며 협력적 실무에 대한 성공경험으로 전환할 수 있도록 하는 Ethical Rounds를 기획하거나, 갈등 상황에서 더 이상의 문제가 발생하지 않도록 하는 예방윤리 차원에서의 Ethical Support Services를 기획하는 것도 전략적 시도가 될 수 있을 듯 하다. 가장 기본은 서로 다른 직역끼리는 더 많이 교류하며 이해의 폭을 넓히라고 제안하는 조언[14]을 실천하는 것이다. 환자를 돌보는 여러 직역이 함께 고민하고, 서로 돌아보며 격려하고, 이해하고, 존중함으로써 기독교 생명의료윤리 문화운동의 바람을 이어갈 수 있으리라 기대한다.

> "서로 돌아보아 사랑과 선행을 격려하며, 모이기를 폐하는 어떤 사람들의 습관과 같이 하지 말고 오직 권하여 그 날이 가까움을 볼수록 더욱 그리하자."
> (히브리서 10장 24-25절)

---

14 LeTourneau B., Physicians and nurses: friends or foes? Journal of Healthcare Management, 49, no. 1, (2004), 12-15.

참고문헌

권복규, (2012), 전문직 윤리로서의 의료윤리-의사다움이란, Korean Journal of Gastroenterology, 60(3), 135-139.

김상득, (2014), 간호윤리의 본질에 대한 윤리학적 고찰-간호사와 의사의 관계를 중심으로. 한국의 료윤리학회지, 17(2), 172-186.

대한간호협회, (2014a), 한국간호사 윤리선언, 2nd Retrieved June 08, 2016, from http://koreanurse.or.kr/about_KNA/ethics.php.

대한간호협회, (2014b), 한국간호사 윤리지침, 2nd Retrieved June 08, 2016, from http://koreanurse.or.kr/about_KNA/ethics.php?mn=3#s2.

세브란스병원, (2014), 세브란스병원 통계연보.

연세의료원, 사명 및 비전, Retrieved June 08, 2016, from http://www.yuhs.or.kr/introduction/mission/.

유명숙, (2004), 간호사의 도덕적 고뇌 개념분석, 간호행정학회지, 10(1), 49-62.

이병주 & 김명언, (2012), 의사와 간호사 간 관계에서 나타나는 갈등의 유형, 원인 및 비대칭성, 한국심리학회지: 산업 및 조직, 25(1), 1-25.

Burlington, Jones & Bartlett Learning.

Engel J. & Prentice D., (2013), The ethics of interprofessional collaboration. Nursing Ethics, 20(4), 426-435, doi: 10.1177/0969733012468466.

Grace P. J., (2014), Nursing Ethics and Professional Responsibility in Advanced Practice (2nd ed.).

Hwang J.-I. & Park H.-A., (2014), Nurses' perception of ethical climate, medical error experience and intent-to-leave. Nursing Ethics, 21(1), 28-42. doi: 10.1177/0969733013486797.

International Council of Nurses, (2012), The ICN Code of Ethics for Nurses Geneva: International Council of Nurses.

Kälvemark S., Höglund A. T., Hansson M. G., Westerholm P. & Arnetz, B.,

(2004), Living with conflicts-ethical dilemmas and moral distress in the health care system. Social Science & Medicine, 58(6), 1075–1084, doi: http://dx.doi.org/10.1016/S0277-9536(03)00279-X.

Kim S., Kim D. R., Seo M. & Lee S., (2016), Factors influencing Clinical nurses' ethical competence in Korea.

Kim S., Seo M. & Kim D. R., (2016), Unmet needs of clinical ethics support services for nurses in clinical settings: Based on focus group interviews, Nursing Ethics, In press.

LeTourneau B., (2004), Physicians and nurses: friends or foes? Journal of Healthcare Management, 49(1), 12.

Sabatino L., Kangasniemi M. K., Rocco G., Alvaro, R. & Stievano A., (2016), Nurses' perceptions of professional dignity in hospital settings, Nursing Ethics, 23(3), 277–293, doi: 10.1177/0969733014564103.

Stievano A., De Marinis M. G., Russo M. T., Rocco G. & Alvaro, R., (2012), Professional dignity in nursing in clinical and community workplaces, Nursing Ethics, doi: 10.1177/0969733011414966.

Whitehead P. B., Herbertson R. K., Hamric A. B., Epstein E. G. & Fisher J. M., (2015), Moral Distress Among Healthcare Professionals: Report of an Institution-Wide Survey, Journal of Nursing Scholarship, 47(2), 117–125. doi: 10.1111/jnu.12115.